建築学の基礎 3

西洋建築史

桐敷真次郎 著

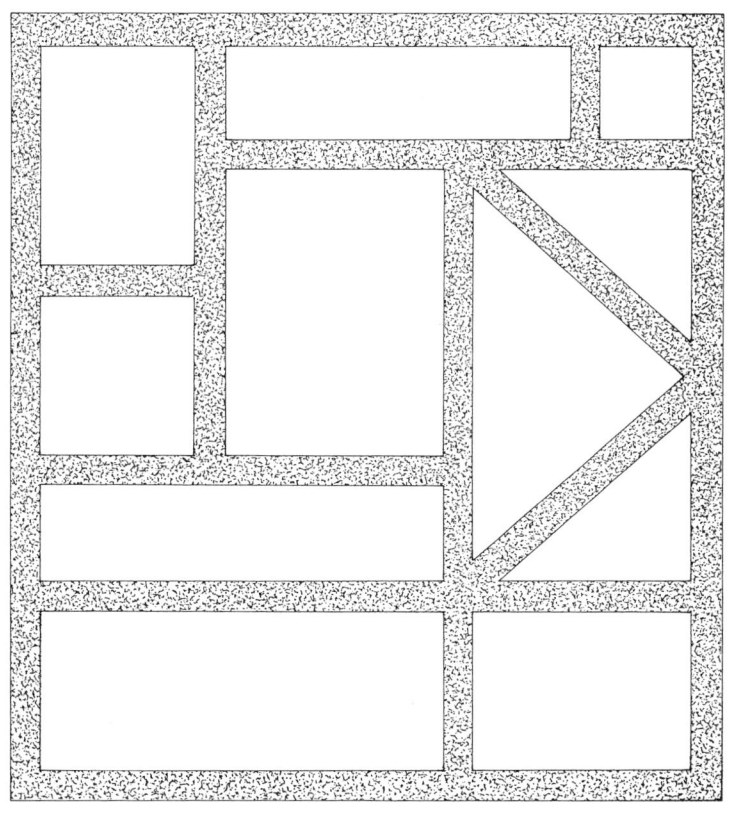

共立出版株式会社

「建築学の基礎」刊行にあたって

　近年，バブル経済の破綻・国際化社会・自然環境保存・コンピュータの急速な普及による高度情報化などの社会的条件の変化，ソフト志向・価値観の多様化などの人々の建築に対する考え方の変化，それに伴うハードおよびソフトの高度な技術的条件の変化などによって建築は多様に変化しつつある．この日々増大しつつある建築学の広範な知識をすべて，大学教育で修得することは不可能といってよい．

　経済不況などによって多少の落ち着きを取り戻し，戦後体制の各種見直しが迫られている現在，大学における建築学の教育もまた，各種の見直しまたは改革が試みられている．これらを集約した，大学で学ぶべき建築学の標準的教育テキストシリーズが現在求められている．

　この建築学の知識には，健康で安全な人間生活を守るという時代を超えて修得すべき基本的知識と，時代の条件の変化に対応して応用すべき流動的知識とがある．

　本シリーズでは，これから建築家・建築技術者を目指す学生を対象に，大学で学ぶべき標準的専門科目を取り上げ，卒業後の専攻にかかわらず活用できる'建築学の考え方と知識の基本と応用'をバランスよく修得できる大学教育テキストを意図した．

　本大学教育テキストシリーズは，当代建築学の最先端の研究者であり教育者である執筆者の方々によって書かれている．本テキストを利用される方々の，その十分な活用を心から願っている．

東京理科大学教授・工博
編　者　　井口　洋佑

JCOPY ＜出版者著作権管理機構委託出版物＞
本書の無断複製は著作権法上での例外を除き禁じられています．複製される場合は，そのつど事前に，出版者著作権管理機構（TEL：03-3513-6969，FAX：03-3513-6979，e-mail：info@jcopy.or.jp）の許諾を得てください．

はしがき

　日本における「西洋建築史」とは，単なるヨーロッパ建築の歴史という狭い意味でなく，日本と東洋を除く世界の建築の歴史という広い意味で使われてきた．つまり，欧米系の建築に大なり小なり影響を及ぼしてきたエジプト・オリエント・ギリシア・ローマ・ビザンティン・イスラムの建築を含む大きな建築の流れを指している．

　古代エジプトやオリエントおよび古典古代の建築まで含む「西洋建築史」の領域は，実に膨大であり，その内容は複雑多岐をきわめている．各領域の研究はもちろん日進月歩の速さで進行しており，背景である一般史を含め，これらを限られた時間で学習することはけっして容易なことではない．

　それゆえ，本書では，もっぱら内容を最小限に圧縮し，絶対に必要な要点のみを記述するように心がけた．したがって，読者は，まず講師の講義を静聴した上，本書を熟読し，演習問題によって理解の度合いをみずから確かめつつ，基本的知識の確実な習得に努めていただきたい．

　もちろん，西洋建築史学習の目的は，単なる基礎知識の集積や漠然とした教養のためではない．すべての人々が，日々建築の利用者として，また都市や田園の建築的環境の観察者・鑑賞者として，また時にはみずから建主として，建築の世界と深い関わりをもっている．建築的環境は新旧さまざまな建築を含んでおり，優れた建築的環境が形成できるか否かは，まさに人々の建築史に関する素養と見識にかかっている．とくに建築という分野で活動することを志した人々は，西洋建築史の学習を通して，自己の建築観，建築史観を世界史的な視野のもとに確立していくことが何よりも重要である．

　なぜなら，日本の建築界は，明治維新以来，欧米諸国に対抗して近代化を果たすため，一千年以上にわたる長い木造建築の伝統を捨てて，西洋建築の伝統に参加し，すでに百年以上，その渦中にあるからである．それゆえ，西洋建築はもはや外国の建築ではなく，われわれがみずから採り入れた新しい

伝統として，否応なしに学習消化しなければならないものとなっている．いわゆる日本的伝統は，われわれがその価値と意義を認め，尊重していく限り，こうした流れのなかでも強靭に生き残っていくであろう．

　したがって次の段階として，生涯にわたって西洋建築史に関する知識を絶えず拡大し，それぞれの時代についていっそう考察を深めていくことが必要となる．そのために巻末に日本語で読むことのできる参考文献を示しておいた．本書では，紙数の制限上，図版も必要最小限にとどめてあるので，できるだけ他の参考書の図版も参照していただきたい．また，これらの参考書のなかには，多数の外国語による参考文献があげられており，その段階に到達した学習者は，容易に外国語文献にも近づくことができよう．

　また，今日では外国旅行が比較的安価かつ容易に行えるようになったので，あらゆる機会を捉えて，本書で図示した建築の実例を直接自分の眼で見ていただきたい．写真から建築の実態を把握することは難しいが，いったん実物を実見したあとは，写真はこの上ないメモとなることが実感できよう．幸い重要な建造物は比較的限られた都市や地域に集中しているので，実務に多忙な建築家であっても，こまめに地域ごとの短期旅行を繰り返していけば，思ったよりも容易に目的を達成できるはずである．

　　2001年2月

　　　　　　　　　　　　　　　　　　　　　　　　　　　　　　著　者

目　　次

1　西洋古代の建築

1.1 エジプト建築 ·· *1*
　1.1.1 風土と材料，社会と宗教（*1*）　1.1.2 マスタバ墓とピラミッド（*1*）　1.1.3 エジプト神殿（*5*）　1.1.4 古代エジプトの都市と住宅（*8*）　1.1.5 エジプト建築の構築技術（*10*）

1.2 オリエントの建築 ··· *10*
　1.2.1 初期のメソポタミア建築（*10*）　1.2.2 アッシリア帝国・新バビロニア王国の建築（*12*）　1.2.3 古代ペルシアの建築（*14*）　1.2.4 古代オリエント建築の構築技術（*16*）

1.3 ギリシア建築 ·· *17*
　1.3.1 エーゲ海建築（*17*）　1.3.2 ギリシアのドリス式神殿（*20*）　1.3.3 イオニア式神殿（*25*）　1.3.4 コリント式オーダー（*28*）　1.3.5 都市計画・都市施設と住宅（*29*）　1.3.6 ヘレニズムの建築（*32*）　1.3.7 ギリシア建築の構築技術（*33*）

1.4 ローマ建築 ·· *33*
　1.4.1 ローマ建築の構築技術とオーダー（*33*）　1.4.2 道路・橋・水道（*36*）　1.4.3 都市・フォルム・記念門・記念柱（*37*）　1.4.4 神殿（*41*）　1.4.5 浴場・バシリカ（*46*）　1.4.6 劇場・競技場・戦車競技場・闘技場（*48*）　1.4.7 住宅・宮殿・ヴィッラ（*50*）　1.4.8 墓廟（*54*）　1.4.9 初期キリスト教建築（*55*）

2　西洋中世の建築

2.1 ビザンティン建築 ··· *59*
　2.1.1 ビザンティン建築の構築技術（*59*）　2.1.2 ビザンティン建築の概観（*62*）

2.2 イスラム建築 ·· *64*
　2.2.1 イスラム建築の構築技術（*64*）　2.2.2 イスラム建築の概観（*65*）

2.3 ロマネスク建築 ………………………………………………………… 70
 2.3.1 プレロマネスク建築（70）　2.3.2 ロマネスク建築の構築技術（73）
 2.3.3 ロマネスク建築の概観（75）
2.4 ゴシック建築 …………………………………………………………… 83
 2.4.1 ゴシック建築の発生（83）　2.4.2 初期ゴシック建築の構築技術（84）
 2.4.3 盛期ゴシック建築の構築技術（87）　2.4.4 レイヨナン式ゴシックとフランボワイヤン式ゴシック（91）　2.4.5 イギリスのゴシック建築（93）
 2.4.6 ドイツ・オーストリアのゴシック建築（96）　2.4.7 スペインのゴシック建築（98）　2.4.8 イタリアのゴシック建築（100）　2.4.9 世俗建築・軍事建築の概観（102）

3　西洋近世の建築

3.1 ルネサンス建築 ……………………………………………………… 105
 3.1.1 ルネサンス建築の展開（105）　3.1.2 イタリア初期ルネサンス（105）
 3.1.3 イタリア盛期ルネサンスとマニエリスム（111）　3.1.4 ルネサンス建築の構造と装飾（121）　3.1.5 ルネサンス建築の理論（121）　3.1.6 フランスのルネサンス建築（122）　3.1.7 スペインのルネサンス建築（124）　3.1.8 ネーデルランドとドイツのルネサンス建築（125）　3.1.9 イギリスのルネサンス建築（128）
3.2 バロック建築 ………………………………………………………… 130
 3.2.1 バロック建築の展開（130）　3.2.2 バロック建築の構造と装飾（130）
 3.2.3 イタリアのバロック建築（131）　3.2.4 フランスのバロック建築（142）　3.2.5 イギリスのバロック建築（147）　3.2.6 ドイツ・オーストリアのバロック建築（150）　3.2.7 スウェーデン・スペインのバロック建築（154）
3.3 ロココ建築 …………………………………………………………… 157
 3.3.1 ロココの発生と技法（157）　3.3.2 ロココ建築の展開（158）　3.3.3 バロック・ロココ以後（164）

演習問題 ……………………………………………………………………… 169
図版出典一覧 ………………………………………………………………… 172
邦語参考文献 ………………………………………………………………… 174
索　引 ………………………………………………………………………… 179

1 　西洋古代の建築

| 1.1 | エジプト建築 |

1.1.1　風土と材料，社会と宗教

　エジプトの農業は夏期にナイル川に起こる洪水に依存していた．ほとんど降雨がないのに定期的に洪水が起こるのは，上流のアビシニア高原がモンスーン地帯に属しているためである．ナイル川流域の両側は灼熱の砂漠で，北の地中海からほとんど常に北風が吹き込んでおり，帆を上げれば船は自然に上流にさかのぼれ，帆を下ろせばそのまま下流に航行できた．木材がきわめて乏しいため，住宅の主要材料は，アシの束，パピルスやイグサを編んだムシロ，壁土用の粘土，ワラをスサとした日干しレンガ，梁に用いる少量の木材であった．しかし，下流の川岸から石灰岩，上流のアスワンで花崗岩が採取され，記念建造物に用いられた．

　初期王朝時代から，神格化されたファラオ（国王）のもとで神官と貴族が特権階級を形づくり，軍隊と農民を支配していた．エジプトの宗教は，人間だけでなくすべての動物について霊魂の不滅と来世の生活を確信する特異なもので，死体をミイラにして保存して将来の復活に備え，また死者の生活のために多種多様な副葬品を墓に納める慣習があった．

1.1.2　マスタバ墓とピラミッド

　初期王朝時代（前 3000-2650 頃）には，砂中に埋めた死体の上に日干しレンガの厚い壁で囲まれた長方形の建造物を建て，大規模なものには壁面に凹凸をつけて装飾とした（図1）．しかし，これでは副葬品の盗掘を防ぐことはできないので，やがて岩盤のなかに墓室を造り込み，地上には簡素な住宅の形に似せたマスタバ墓を建てた（図2）．

　しかし，岩盤のなかに葬ると遺体の腐敗を防げないため，内臓を抜き取って別

1章　西洋古代の建築

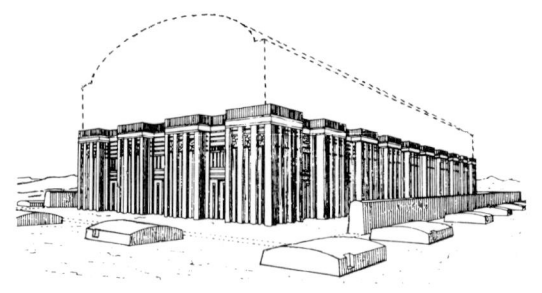

図1　メルネイトの墓復原図（サッカラ，第1王朝，前2880頃）
大規模な日干しレンガ造マスタバ．壁面の凹凸，縦溝の頂部の装飾，軒蛇腹などの分節と装飾によって建物を立派に見せる建築術の始まりを示す．内部は格子状の仕切り壁で区画され，中央に遺体が埋葬され，すべての区画に砂が詰められた．

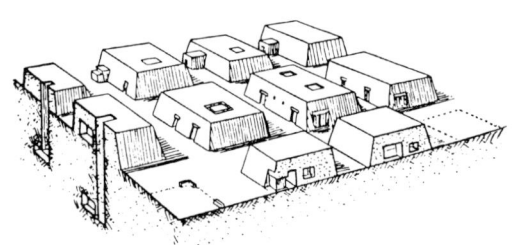

図2　ギザのマスタバの概念図（第4王朝，前2500頃）
古王国貴族の墓で，長方形の平面，傾斜した壁と陸屋根をもち，東側に戸口と供物室がある．墓室は盗掘を防ぐため岩盤内に設けられ，縦穴は石塊で密閉された．

の容器に保存するなど，より複雑で入念なミイラ保存法が工夫された．
　古王国時代（前2650-2180頃）の第3王朝のジェセル王の墓廟であるサッカラの階段ピラミッドは，付属建造物と周壁を備えた最初の大規模な石造記念建造物であった（図3・図4）．第4王朝のギザのピラミッド群（図5・6）は，それぞれのピラミッドの東側に葬祭殿，ナイル川につながる運河の岸に河岸神殿をもち，これら二つの建物は外部から遮断された通廊で結ばれ，ピラミッド・コンプレックス（建築複合体）を構成していた．

1.1 エジプト建築

図3 ジェセル王の階段ピラミッド（サッカラ，第3王朝，前2600頃，イムホテプ）
マスタバを6段重ねた形で，底面121 m×109 m，高さ約60 m．石灰岩を積み，表面は白色の上質石灰岩で仕上げてあった．手前は一部復原された神殿群．

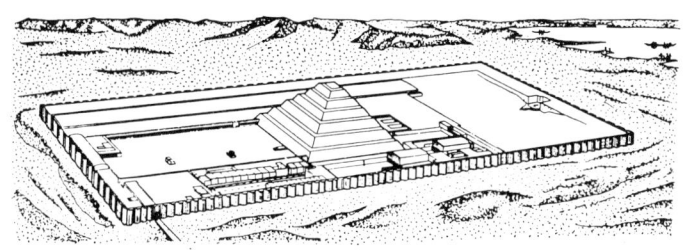

図4 ジェセル王の階段ピラミッド・コンプレックス復原図
入口がひとつしかない545 m×278 mの周壁のなかに，入口の列柱廊，大中庭，小中庭，神殿群，南宮殿，北宮殿，階段ピラミッド，葬祭殿があり，大中庭の西には3段のテラスが設けられている．神殿群や宮殿は外形だけで内部がなく，すべてが死せる王のためにつくられている．

図5 ギザの三大ピラミッド（第4王朝，前2540-2450頃）
左からクフ王の第1ピラミッド（大ピラミッド，高さ146.6 m），カフラー王の第2ピラミッド（143.5 m），メンカウラー王の第3ピラミッド（66.5 m）．北方上空から見下ろした光景．

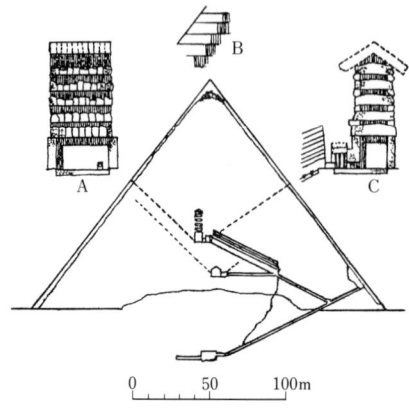

図 6 ギザの大ピラミッドの断面図（第 4 王朝，前 2540 頃）
右が北側．三つの墓室，下降通路，上昇通路，大通廊，「井戸」と呼ばれる不規則な縦穴，王の墓室と女王室から出る 4 本の換気孔がある．A：王の墓室の東西方向の断面，C：王の墓室の南北方向の断面．王の墓室の上部には荷重軽減のための空隙がある．B：表面の化粧石の積み方．

　中王国時代（前 2040-1780 頃）には，テーベにある第 11 王朝のメントヘテプ葬祭殿に，テラスと列柱廊と斜路を組み合わせた建造物が現れ，墳墓から神殿への発展を示し，墓そのものは背後の崖のなかに岩窟墓として設けられた．第 12 王朝はベニ・ハサンを中心とする岩窟墓の全盛期で，新王国時代（前 1567-1085 頃）第 18 王朝のハトシェプスト女王葬祭殿は，このテラス＋岩窟墓形式の完成した姿を示している（図 7）．

図 7 デール・エル・バハリの葬祭殿群復原図（ルクソール西岸，前 2000-1490 頃）
奥に第 11 王朝のメントヘテプ 2 世・3 世葬祭殿（前 2000 頃）．手前に第 18 王朝のハトシェプスト女王葬祭殿（前 1490 頃）．背後の岩壁の裏に「王家の谷」がある．

1.1.3 エジプト神殿

エジプト神殿は，パイロン（塔門），列柱中庭，多柱室，聖舟室，至聖所，付属室（宝庫，倉庫）などの要素を軸線上に対称形にまとめた長方形の建物で（図8)，大規模で複雑な神殿では，上記の要素を重複して組み合わせた．石造建築にもアシと土壁や日干しレンガの住宅の形態が引き継がれて，壁面はしばしば内転びに築かれ，軒には弓形に湾曲した凹面クリカタが用いられた．屋根は石材の梁の上に架け渡した板石だったから，多数の柱を立てなければ広間（多柱室）がつくれなかった．柱は植物の形態を基本とし，柱頭にはハス，シュロ，パピルスのつぼみや花の形，ハトホル女神の顔などを用いたものが多い．平滑な内外の壁面には，神，王，儀式，征服の場面を陰刻し，図像の縁に丸みをつけ，赤・青・緑・黄などであざやかに彩色した．パイロンの前にはスフィンクスを並べた参道が設けられた．中王国時代から新王国時代前期にかけて建造されたカルナックのアンモン大神殿（図9）は最大の神殿で，とくにその大多柱室はエジプト建築の巨大さを代表している（図10)．この大神殿は 2.5 km のスフィンクス参道でルクソール大神殿と結ばれていた．

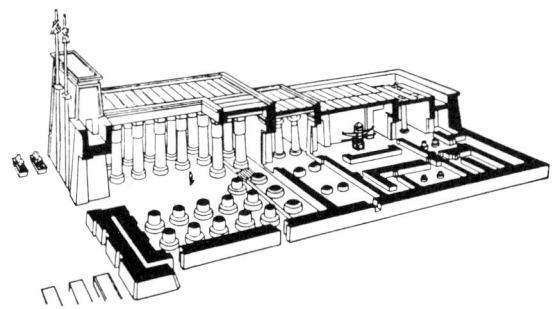

図8 カルナックのコンス神殿の復原図（第20王朝，前1150頃）

月神コンスの神殿．29.26 m×70.15 m．パイロンの前にスフィンクス参道があり，列柱中庭，多柱室，聖舟室，至聖所の順に，奥に進むほど，床は高く，天井は低くなり，内部は暗くなる．

1章 西洋古代の建築

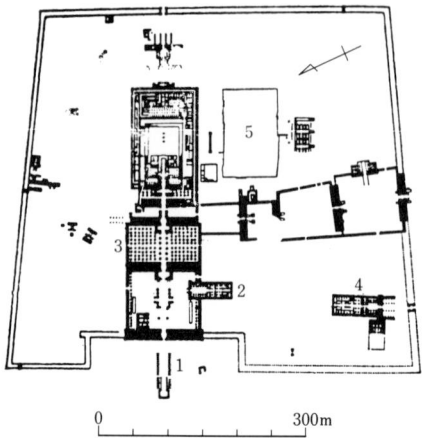

図9 カルナックのアンモン大神殿の平面図（ルクソール東岸，第12王朝からグレコ・ローマン時代，主として第19-20王朝，前1320-1085頃）
第12王朝の神殿を核に第18王朝から末期の王朝まで増築と改造を重ねた．560m×510mの神域に，10個のパイロン，スフィンクス参道(1)，ラムセス3世神殿(2)，大多柱室(3)，コンスの神殿(4)，聖なる池(5)，その他の多数の神殿，オベリスクがある．

図10 アンモン大神殿大多柱室復原模型（第19王朝，前1290頃）
103m×52m．2列12本の開花パピルス柱頭の大円柱は直径3.58m，高さ21.08m．左右14列のつぼみ柱頭の小円柱は直径2.7m，高さ12.95m．格子状板石をはめ込んだ高窓から採光している．

1.1 エジプト建築

　テーベを首都とした新王国時代には，王墓は「王家の谷」の地下に隠され，葬祭殿のみを平地に設けた．ラメシウム（ラムセス2世葬祭殿）は，石造神殿の周囲を多数の日干しレンガ造ヴォールト天井のトンネル型倉庫で囲んだ大建造物で，マディナト・ハブー（ラムセス3世葬祭殿，図11）では，神域の周囲に門前町のような集落ができ，要塞都市のように堅固な門や壁や堀で守られている．これは，神殿が富裕になり，防備施設まで必要としたことを物語っている．

　アブ・シンベルの大神殿は，岩窟墓の形式を大規模な神殿に適用した例で，岩山のなかに多柱室を彫り込み，前面にラムセス2世の座像四体を刻み，カルナクのアモン大神殿に匹敵する雄大さを達成している（図12）．

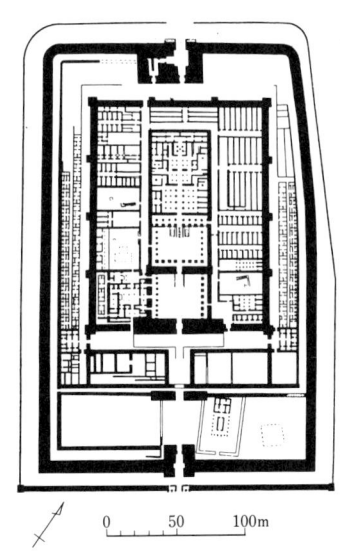

図11　マディナト・ハブー（ラムセス3世葬祭殿）平面図（テーベ，第19王朝，前1190頃）
314m×210m．中央に石造神殿，第1中庭の左右に現国王用の宿泊用宮殿，右手に神官住居と事務所，背後に付属施設と倉庫群．外側の住宅群をレンガ造の高い壁と堀と低い壁で囲む．

図12　アブ・シンベル大神殿（第19王朝，前1250頃）
間口30m，高さ27mの岩壁に高さ19mのラムセス2世像四体を刻み出し，内部に2列8柱の多柱室，至聖所，付属室がある．アスワン・ハイダム建設による水没から救済するため，1964-68年に多数のブロックに解体し，背後の丘上に移築再建された．

1.1.4 古代エジプトの都市と住宅

王墓や神殿が石造であったのに対し，住宅や宮殿は，より居住性に優れた日干しレンガ造だったため，遺構がきわめて乏しい．庶民住宅は，アシ束の柱や梁にムシロを張り，泥で塗り固めるか，日干しレンガ造の壁に木材の梁を架け，梁の上には板やヨシズやムシロを張り，上面を泥で塗り固めて陸屋根とした（図13）．上級住宅は，高窓のある天井の高い中央広間の周囲をいくつかの室で囲んだ形式で，塀で囲まれた敷地内に庭園，祠堂，サイロ（穀倉）などが配置された（図14・15）．宮殿は多数の中庭と多柱室の広間を組み合わせてあった．第18王朝のアメンヘテプ4世（アケナーテン）の首都テル・エル・アマルナは，行列道路の両側に神殿，王宮，王の住居，兵営，生者の家（病院），死者の家（ミイラ製作所）などの建物がやや不規則に散在しているが，カフン（図16）やデル・エル・メディーナのように整然と計画された都市もあった．

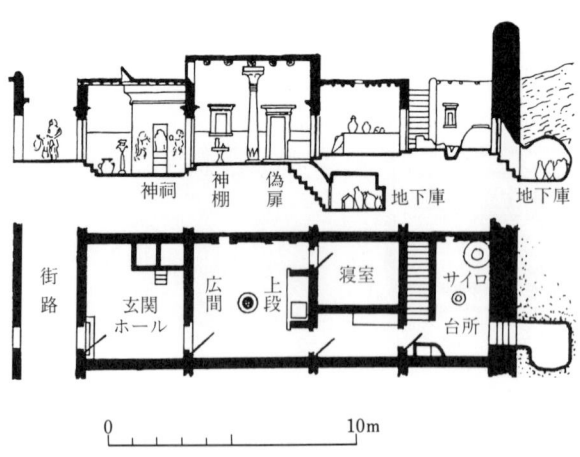

図13 デル・エル・メディーナの庶民住宅（第18王朝，前1500頃）
王墓建設のため，トトメス1世が創設した職人町の住宅．神棚のある玄関ホール，中心柱と上段と高窓のある広間，寝室．カマドと穀物サイロのある台所には屋上（物干し場と夏の寝場所）へ上がるための階段がある．

図 14 テル・エル・アマルナの上級住宅復原模型（第 18 王朝，前 1350 頃）

間口 66 m，奥行 52 m，約 3,400 m²．手前が西側．門内正面に神殿，奥に庭園，主屋の手前にサイロ（穀物倉），右手に井戸と厩舎，主屋の向こう側に家畜，家禽の囲いがある．サイロは断面が放物線アーチ形のドーム建築で，型枠なしでつくれる．古代エジプトには貨幣がなかったので，金庫の代わりでもあった．

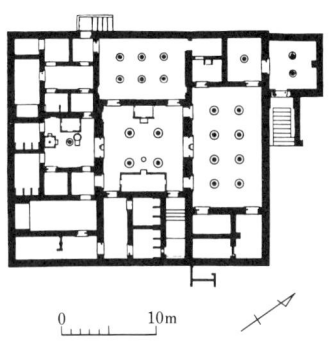

図 15 大臣ナフトの邸宅（テル・エル・アマルナ，第 18 王朝，前 1350 頃）

32.5 m×23.5 m，約 680 m²．玄関，八本柱の応接間，天井が高く高窓から採光する四本柱の中央広間，六本柱の主人事務室．左手に内向きの諸室が並んでいる．

図 16 カフンの住居址（第 12 王朝，前 1890 頃）
エル・ラフンのピラミッドを建設した官吏・技術者・労務者を収容した 370 m 角の都市．北側に並ぶ大邸宅は各 40 m×60 m の広さで，60 室以上もある中庭式住宅だった．

1.1.5 エジプト建築の構築技術

最も注目に値するのは，巨石を採取し，運搬し，積み上げる技術である．第18王朝まで鉄の工具がなく，滑車も知られていなかったので，これらの作業は多大の労力を必要とした．通常の石材は，孔を一列にあけ，クサビで割って採取したが，オベリスクのような長大な石材は，周辺に人間の入れる幅の溝を閃緑岩の玉石と粉末ですり減らして切り取るという驚くべき作業を行っている．石材を積み上げるには，石材を所定の高さまで滑らせていく斜路とテラスを次々と築き，工事終了後にそれらを除去しながら石材に装飾を施していった．通常の石材ブロックは3～4トン程度であるが，時には20トンから最大200トンに及ぶ巨大な石材が用いられており，これらの巨石の運搬や積み上げの技術については，いまだに不明な点が多い．

1.2 オリエントの建築

1.2.1 初期のメソポタミアの建築

紀元前3500年頃，シュメール人が灌漑設備を整備してから，エジプトと並ぶ文明の発展地となり，キシュ，ウルク，ウルなどの都市が建設された．メソポタミア地方は，石材も木材も乏しく，ほとんどすべての建築は日干しレンガ造だったので，建物の上部は崩壊して不明な場合が多いが，すでに高い基壇の上に建てられた長方形の神殿形式が確立されていた．初期王朝時代（前2900-2250年頃）には，神殿は多くの部分から成る複合建築となり，内陣だけを長方形の建物として高い基壇の上に建てるようになった．ハファジャの楕円形神殿はその代表例である（図17）．

ウルの第3王朝時代（前2044-1936年）には，ジグラットと呼ばれる階段ピラミッド形式の建物が出現した（図18）．階段あるいは斜路で登れる基壇を積み重ね，頂上に小神殿を設けたもので，ウルには，ジグラットと三つの大神殿を壁で囲んだ聖域があった．神殿は方形に近い長方形平面で，内部は多数の細長い室に分割されたり，あるいはいくつかの中庭を囲んで多数の室が並べられていた．

図 17 ハファジャの楕円形神殿（初期王朝時代，前 2900 頃）
神域は二重の曲面周壁で囲まれ，内奥の神域には，高い基壇の上に立つ長方形神殿とその前庭を囲んで神官住宅・宝庫・付属施設が設けられていた．

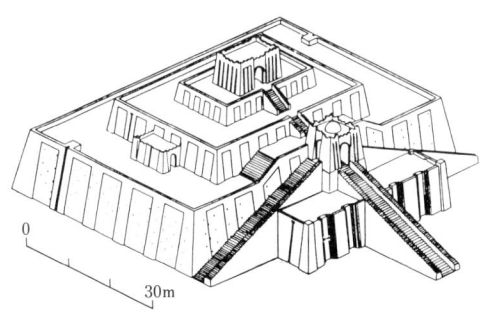

図 18 ウル第 3 王朝のジグラット復原図（前 2100 頃）
底面 62.5 m×43 m，高さ約 21 m．日干しレンガ造の躯体を焼成レンガの壁で包んであった．直上階段で登る階段ピラミッド型で，南メソポタミアのジグラットの代表的形式を示している．

1.2.2 アッシリア帝国・新バビロニア王国の建築

紀元前8世紀に大帝国を築いたアッシリア人は，北メソポタミアにアッシュール，ニムルド，ホルサバード，ニネヴェなどの著名都市を建設した．これらの都市は市壁で囲まれ，その一郭に中庭式神殿，ジグラット，中庭式宮殿が建てられていた．サルゴン2世（在位前721-705）が建設したホルサバードはその代表例である（図19・20）．

短命に終わったアッシリア帝国に代わり，前7世紀末から前6世紀にわたって繁栄した新バビロニア王国では，前626-562年頃建設された首都バビロンが画期的な都市で，ユーフラテス川を挟んで，1.6キロ×2.6キロのほぼ長方形の内郭が堀と二重の市壁で囲まれていた．行列道路は北のイシュタル門（図21）から市の中心部を抜けて，ユーフラテス川を橋で渡り，西門に達していた．橋は木造だったが橋脚は石造で，道路の一部は舗装されていた．

ネブカドネザル王（在位前605-562）が建造したバビロンの王宮は，機能別に区分された五つの部分から成り，それぞれ中庭を囲んで多数の室が配置されていた（図22）．ユーフラテス川に近い部分に著名な「空中庭園」があったと思われ

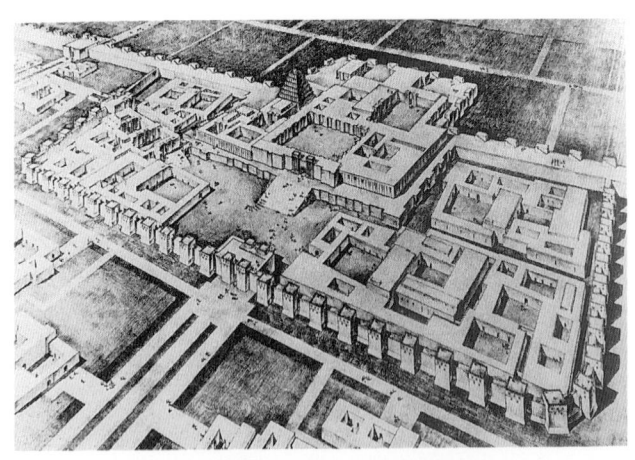

図19 ホルサバードの内城とサルゴン2世宮殿（前710頃）
　　1,600 m×1,750 m の市壁の北西側に 300 m×650 m の内城があり，その中央奥に市壁にまたがった形でサルゴン2世宮殿があった．宮殿の左手にジグラットが立っていた．

る．バビロンのジグラットは旧約聖書の「バベルの塔」とみなされるもので，約90m四方の八段の階段ピラミッド型の塔の頂部に神殿が設けられていた．

図 20　ホルサバードのジグラット復原図（前710頃）
サルゴン2世宮殿の南西側に密接して立ち，底面約45m角，高さ約42m．北メソポタミアのジグラットの代表例で，周囲につけたラセン状の斜路で登った．

図 21　バビロンのイシュタル門（前600頃）
雄牛と龍を鮮やかに浮彫彩色した釉薬レンガで仕上げられている．幅員約20mの行列道路の両側にもイシュタル神のシンボルである獅子を彩色浮彫したレンガ壁が続いていた．

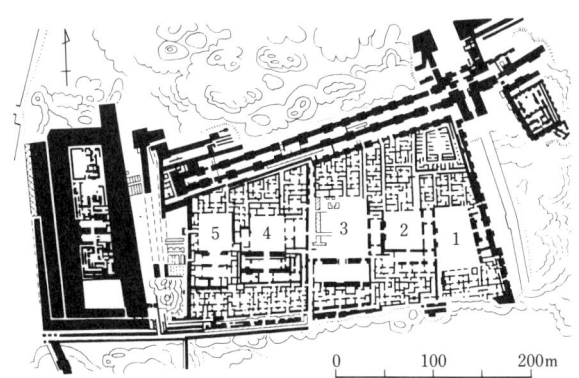

図 22　バビロンの王宮平面図（前7世紀）
1：軍団司令部．2：政庁．3：王座室と枢密院．4：王の住居．5：女王の住居．宮殿の東側に行列道路とイシュタル門，西側の川に面する部分におそらく「空中庭園」があった．

1.2.3 古代ペルシアの建築

オリエントに一大帝国を築いたアケメネス朝ペルシア（前550-330）は，アッシリアおよびバビロニアの建築技術を受け継ぎ，さらにイラン産の石材や輸入した木材を併用してペルセポリスの宮殿のような大建造物を建造した（図23～25）．宮殿は高い石造の基壇の上に立ち，多数の円柱を立てた方形の大広間を厚い壁で囲み，列柱廊玄関をつけた形式で，石造の壁面は浮彫で装飾された．しかし，梁と天井に多量の輸入木材を使用した建築は風土に根ざしたものではなく，ペルシア帝国の勢威だけにもとづいており，永続性はなかった．

セレウコス朝シリア王国（前301-129）とパルティア王国（前248-後226）の後を受け継いだササン朝ペルシア（後226-651）では，トロンプ式ドームやトンネル型ヴォールト天井を架けたレンガ造の宮殿建築が多く建てられ，またイワーンと呼ばれる前面を開放した広間形式が現れた．首都テシフォンの宮殿（図26）やサルヴィスタンの宮殿（図27）にその代表的な例が見られる．

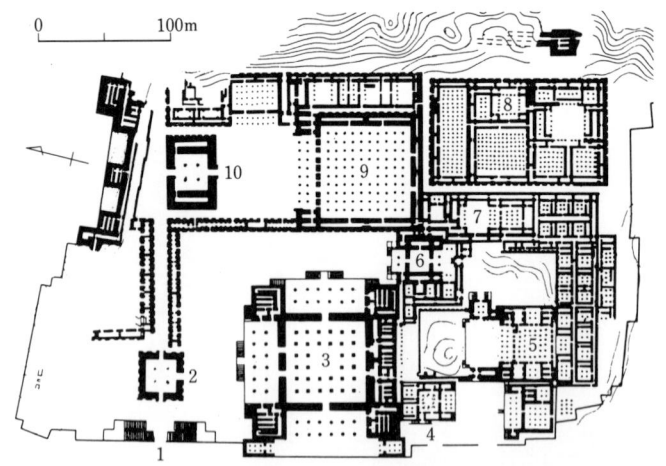

図23 ペルセポリスの宮殿平面図（前518-460頃）
1：大階段．2：クセルクセスの門．3：ダリウス1世のアパダナ．4：ダリウス1世の宮殿．5：クセルクセスの宮殿．6：トリピュロン（応接室・守衛室）．7：ハレムの玄関ホール．8：宝庫．9：百柱殿（王座室，68.5 m角）．10：主門．テラスは300 m×500 m，高さ12 m．

図24 ペルセポリス宮殿のダリウス1世のアパダナ（前521-485頃）
112m角の建物のなかに60.5m角のダリウス1世の謁見室があり，高さ19.26mの円柱36本が木造天井を支えていた．建物は浮彫と階段で飾られた112m角，高さ2.7mの基壇の上に立っていた．

図25 ペルセポリスの百柱殿復原図（前490-460頃）
68.5m角の大広間．10本10列の石灰岩円柱は高さ12.84m．礎盤は釣鐘形．柱頭は萼状部分・冠状部分・渦巻装飾部分を重ね，人頭獣・雄牛・怪獣型の頂部で梁を支えた．

図26 テシフォンの宮殿のイワーン（後3世紀頃）
スパン26.3m，高さ30m，奥行49.9mの放物線形のレンガ造ヴォールト天井．正面の壁は間口約105mあり，幾層にも重ねられたアーケイド状装飾がつけられている．

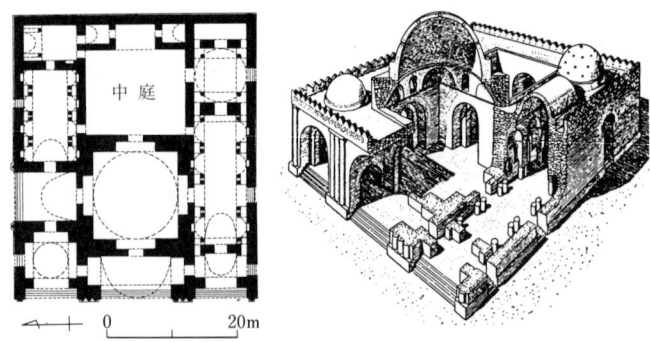

図 27　サルヴィスタンの宮殿平面図・構造図（後5世紀前期）
正面に三つのイワーンが開き，トロンプ付きのレンガ造ドームを架けた主室の背後に中庭がある．左右の細長い室にはトンネル型ヴォールトが架けられている．

1.2.4　古代オリエント建築の構築技術

　オリエントの多くの地域では，石材も木材も乏しかったので，日干しレンガあるいは焼いたレンガで壁を築き，アーチ形の開口部をつくり，ヴォールト天井で室を覆う技術が発達した．初期の時代には持送り式アーチだったが，やがて迫石型のレンガを用いる真のアーチを使うようになり，また木材型枠が不要な張り付けレンガの手法でヴォールト天井をつくった（図28）．乾熱気候の風土には厚いレンガ壁と小さい窓が適しているため，壁の面積がきわめて大きい．壁面の単調さを破るため，壁面に縦溝やアーケイド状装飾を刻み，壁面や柱に彩色した飾り鋲を埋め込んだり，釉薬をかけたタイル，石の薄板，石膏プラスター，ノロ（水性石灰塗料）などで化粧することが工夫された．

図 28　アッシリアのヴォールト天井の一例
最初に端部の壁を立て，レンガを斜めに傾けてモルタルで接着していく．木材の型枠なしにトンネル型ヴォールト天井をつくる代表的方法であった．またドームは，アーチやトンネル型ヴォールトと異なり，まったく型枠なしで建造できるので，エジプトやオリエントでもサイロ・住宅・畜舎などに用いられてきた．

1.3 ギリシア建築

1.3.1 エーゲ海建築

前2500年頃から，クレタ島のクノッソスとギリシア本土のミュケナイを中心として高度の文明が栄えていたが，前1400年頃，クノッソスの宮殿（図29～31）は北方からの蛮族の襲来で破壊され，ギリシア本土のミュケナイ文明も前1100年頃には完全に滅亡した．エーゲ海文明の主要な建築は住宅と宮殿と防備施設で，「メガロン」と呼ばれるポーチ付きの一室住居が基本形式となり，メガロンを主館とする中庭式の住居が成立していた（図32）．宮殿は起伏の多い要害の地に建てられ，木材・石材・日干しレンガが混用され，非対称形の複雑な平面と立面をもつ．また，水に恵まれていたため，上下水道を備えた浴室が設けられることもあった．

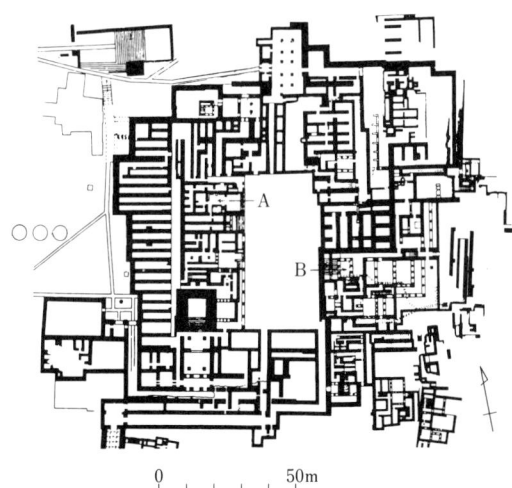

図29 クノッソス宮殿平面図（クレタ島，前1700-1400頃）
60 m×26 mの大中庭を多数の部屋と歩廊が取り巻く迷宮のように複雑な平面．建物は3-4階建で，浴室や下水道も備えていた．A：王座室．B：王のアパートメントの階段室．

1章　西洋古代の建築

図30　クノッソス宮殿の王のアパートメントの階段室（前1400頃）
宮殿の円柱は下すぼまりの木柱で，タイヤのような柱頭をもっていた．石材，木材，日干しレンガが併用され，壁面はストゥッコで仕上げられていた．

図31　クノッソス宮殿の王座室（前1400頃）
北側の壁の中央に王座，左右につくり付けのベンチがあり，赤く塗られた壁面にはグリフィン（鳥の頭と獅子の胴体をもつ怪獣）と百合の花が描かれている．

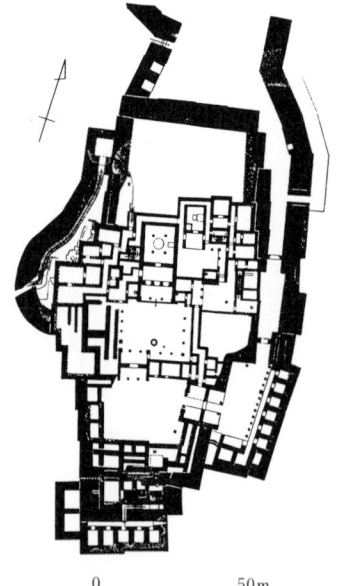

図32　ティリュンスの城塞平面図（前13世紀）
第三の中庭の正面に大メガロンがある．下すぼまりの木柱2本を立てた玄関に続いて前室，四本柱の主室の中央に円形の粘土の炉床，東側の壁に王座があった．

1.3 ギリシア建築

　下すぼまりの木材の円柱とタイヤ型の柱頭はエーゲ海建築の顕著な特色で，クノッソス宮殿（図30）にもミュケナイの獅子門（図33）の浮彫にも見られ，アトレウスの宝庫（図34）の入口の装飾にも用いられた．またクノッソス宮殿では，木材の軸組に日干しレンガを詰め，石膏プラスターで塗り上げ，鮮やかな彩色の壁画で装飾した．ミュケナイの城壁とアトレウスの宝庫は巨石を巧みに積み上げる技術を示しているが，石材はすべて水平な層で積まれている．マグサ石にかかる荷重を減らすため，マグサ石の上方に三角形の開口部を設け，その部分を比較的薄い石板のパネルでふさいだ．

　エーゲ海建築は直接にはギリシア建築と結び付かないが，メガロンという住居形式，ドリス式に似た円柱の形式，上すぼまりの戸口の形式などがギリシア建築の形式に影響を与えたと考えられる．

図33　ミュケナイの獅子門（前1350頃）
城塞の主門で，戸口の間口は下部で3.1 m，上部で2.9 mで，上方にすぼまっており，高さは3.2 m．マグサ石上部の三角穴にはめ込まれた厚さ60 cmのパネルに，下すぼまりの円柱を左右から守る二頭の獅子が浮彫されている．マグサ石は厚さ約1 m，長さ4.6 m，奥行約2 mあり，重量約20トンと推定される．

図34　アトレウスの宝庫の入口（ミュケナイ，前14世紀頃）
おそらくアガメムノン王の墓．入口は獅子門と同じ構造で，マグサ石の上の三角形の孔はパネルでふさがれ，正面全体が下すぼまりの半円柱で飾られていた．入口への通路は幅6 m，長さ36 m，戸口の間口は下部で2.7 m，上部で2.4 m，高さ5.4 mで，獅子門と同じく，やや上すぼまりにつくられている．

図 35 アトレウスの宝庫の内部
戸口のマグサ石は，長さ 8.2 m，厚さ 1.1 m，奥行 5.2 m，重量 120 トン．ハチの巣型の墓室は直径 14.6 m，高さ 13.2 m で，33 層の水平な切石積みで築かれている．すなわち，持送り式構造の尖頭型ドームである．

1.3.2 ギリシアのドリス式神殿

前 1100 年頃，ペロポンネソス半島に侵入したドリス人は，前 7 世紀頃まで日干しレンガと木材で神殿を建てており，のちに石材で建て替えられていったドリス式神殿にも木造神殿の形式が残されている．たとえばトリグリフは木材梁の端部に施された彫刻装飾，メトープは梁材の隙間をふさいだ面戸板の残存形態であると考えられる．典型的なドリス式神殿（図 36）はメガロンを列柱廊で囲んだ正面六柱の周柱形式で，石造の基壇（階段状の基壇の最上面をスタイロベートという）の上にプロナオス（前部ポーチ）とオピストドモス（後部ポーチ）を備えた長方形の神室（ケルラ）をつくり，その周囲を石の円柱に石の梁を架けた列柱廊で囲み，木造の小屋組をテラコッタあるいは大理石の瓦で葺いた切妻屋根を載せた．列柱廊の柱と梁の組合せの法則を「オーダー」と呼ぶ．石造の採用とドリス式オーダーの形成にはエジプト建築からの強い影響があった．

ギリシアのドリス式オーダー（図 37）の円柱には礎盤がなく，通例 20 本の彫溝（フルート）を刻んだ柱身（シャフト）にはエンタシス（ふくらみ）があり，柱頭は皿形のエキヌスと方形板状のアバクス（冠板）から成る．アーキトレイヴ（大梁）の上には，トリグリフとメトープを交互に並べたフリーズ（装飾帯）が

1.3 ギリシア建築

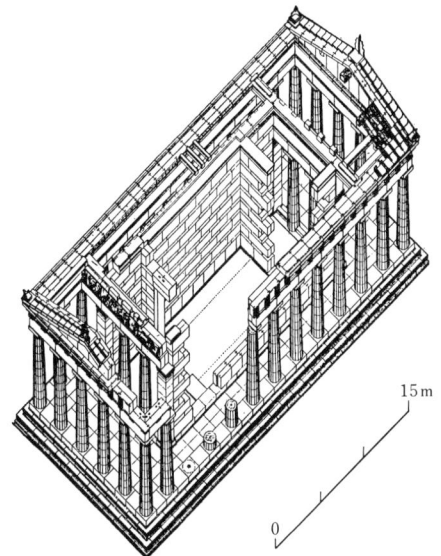

図36 スーニオン岬のポセイドン神殿構造復原図
（前440-40頃）
13.5m×31.1m，6柱×13柱のドリス式神殿．石材は鉄のカスガイで緊結され，神室（ケルラ）内部には円柱を二層に重ねた列柱廊があった．木造の小屋組は洋風のトラス小屋ではなく，和小屋に酷似した構造だった．

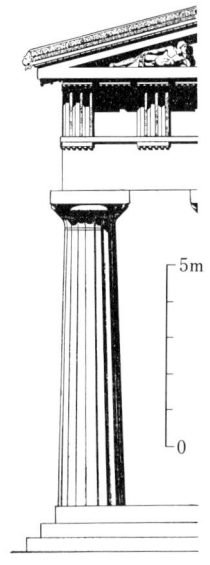

図37 ゼウス神殿のドリス式オーダー
（オリンピア，前468-60頃）
前5世紀には，柱身のエンタシスはおだやかになり，柱頭のエキヌスはほぼ45度の角度で広がるようになったが，いずれの輪郭も微妙な曲線を描いている．円柱下端の直径は2.25m，高さ10.4m．

載り，コーニス（軒蛇腹）は水切り板（コローナ）と頂部クリカタ（キュマティウム）から成る．アーキトレイヴ，フリーズ，コーニスの3つの水平部材を合わせて「エンタブラチュア」と呼ぶ．その上に切妻屋根に対応するペジメント（三角破風壁）を載せた．勾配は通例0.25から0.30程度であったが，パルテノンでは0.22ときわめて緩やかになった．

円柱はトリグリフの真下に配置するという規則によって，隅の円柱を内側にずらす必要が生じ，隅の柱間は他の柱間より狭く，安定した力強い構成となるが，柱の間隔が均等でないため，ドリス式の設計は見かけほど簡単でない．またギリシア本土の神殿は，朝日が入口から射し込むように東面させて建て，またイオニア地方でも入口を東あるいは西に向かわせるのが通例で，これが神殿の配置計画

に大きな制約をもたらすとともに，前面・背面の区別がない周柱式という外観を採用する最大の要因となった．

　柱とエンタブラチュアから成るオーダーの組合せの順序は一定しているが，各部分の形態と比例は設計者や時代によって変化した．とくに前6世紀のドリス式円柱は，強いエンタシスをもつ太いシャフトと大きく広がった柱頭に特色があり，神殿の構成は力強く男性的であった（図38）．ギリシア人は一貫してこの形式を守りながら工夫を重ね，前5世紀中期にはイオニア式の優美な特色も採り入れ，アテネのアクロポリス（図39）のパルテノン（図40・41）とプロピュライア（図42）で最も洗練された形態に到達させた．立派な神殿では，メトープに浮彫を施したり，ペジメント（三角破風壁）を神話にもとづく彫像で飾った．また，柱頭，エンタブラチュア，ペジメント，屋根飾り（アクロテリオン）を青・赤・緑・金で鮮やかに彩色し，人像は肌色に塗った．

図38　パエストゥムのバシリカ（前540頃）
24.5 m×54.3 m，9柱×18柱で，中心軸線上にも列柱がある．円柱の直径1.44 m，高さ6.45 m．強いエンタシスと大きく広がった柱頭が前6世紀のドリス式オーダーの特色を顕著に示す．パエストゥムは前7世紀中期にギリシア人が南イタリアに建設した植民都市で，当時はポセイドニアと呼ばれた．

1.3 ギリシア建築

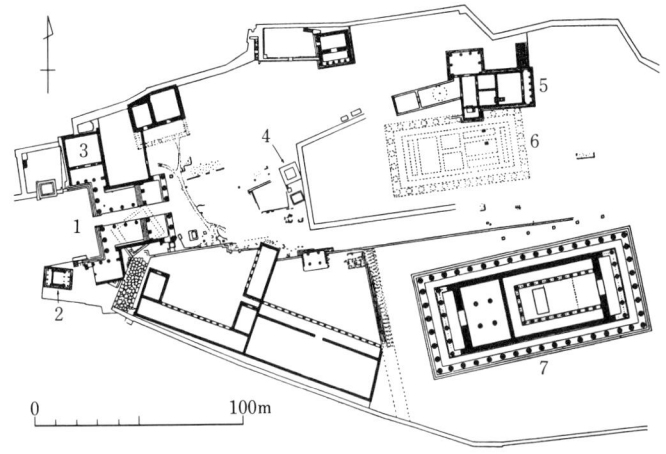

図 39 アテネのアクロポリス平面図（前5世紀）
東西270m，南北120m．1：プロピュライア．2：アテナ・ニケの神殿．3：絵画館．4：アテナ・プロマコスの巨像．5：エレクテイオン．6：古いアテナ神殿の跡．7：パルテノン．

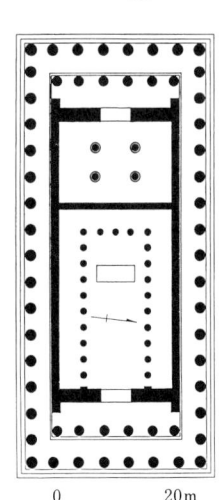

図 40 パルテノン平面図（アテネ，前447-432，フェイディアスとイクティノス）
前面を八柱式にし，神室は内部に二層のドリス式列柱廊，背後にイオニア式円柱4本を立てた後室をもち，神室の全周にイオニア式の浮彫フリーズをめぐらしてある．

図 41　パルテノン西正面
30.9 m×69.5 m，8柱×17柱．外観はドリス式であるが，細めで高い円柱と，神室周壁のイオニア風の浮彫フリーズ，後室のイオニア式円柱の採用で，ドリス式の力強さとイオニア式の優美の融合と調和を達成した．円柱の直径は中央部で1.9 m，四隅で1.95 m，高さは10.43 mある．正面の柱間は4.29 mだが，隅の柱間は3.68 mになっている．神殿の入口は東正面にある．

図 42　プロピュライア東側（アテネ，前437-433，ムネシクレス）
アクロポリスの主門で，六柱式の神殿形式を模している．中央の柱間を大きくし，トリグリフを2枚入れ，内部には3本2列のイオニア式円柱を立てている．北側（右）に絵画館がついている．

1.3 ギリシア建築

1.3.3 イオニア式神殿

前1200年頃からトルコの西海岸に侵入し定住していたギリシア人は，ドリス式とはきわめて異なったイオニア式オーダーを考案した（図43）．二重の溝車形（スコティア）の上に饅頭形の大玉縁（トールス）を重ねた特異な礎盤をもち，細い柱身には通例24本の彫溝が刻まれ，柱頭は渦巻形（ヴォルート）の上にきわめて薄いアバクスを載せている．アーキトレイヴは三段の平帯（ファッシャ）から成り，通例はフリーズを入れないが，コーニスにはコローナ（水切り板）を支える歯形飾り（デンティル）がつけられた．

イオニア式オーダーの神殿は前5世紀頃からギリシア本土でも建てられるようになり，本土では通例アーキトレイヴとコーニスの間に連続的な浮彫彫刻を施したフリーズを挟んだ．アテナ・ニケの神殿（図44）やエレクテイオン（図45）

図43 アテナ神殿のイオニア式オーダー（プリエネ，前4世紀後期，ピテオス）
礎盤は方形の台石・二つの凹面クリカタ・大玉縁から成る．柱頭はエッグ・アンド・ダート（卵槍文）を刻んだ皿形の上に渦巻装飾と薄いアバクスを載せる．フリーズがないことと，斜めになった隅の渦巻に注意．

図44 アテナ・ニケの神殿（アテネ，前427-424頃，ムネシクレス）
5.4m×8.2mの小神殿．柱身が比較的太く，渦巻装飾がとくに大きいのが特色．背面にも前面と同じ四柱式の列柱廊がつく．フリーズが入っている．ペジメントは大半が欠損し，端部しか残っていない．

はその好例である．また，本土では本格的なイオニア式礎盤はあまり好まれず，2枚の饅頭形の間に溝車形をはさんだアッティカ式礎盤がしばしば用いられた．

　イオニア式オーダーは，ドリス式のようにトリグリフの配置に束縛されることがなく，柱間を均等に配置できたので，ドリス式よりも簡単に設計できた．しかし，渦巻形の柱頭は見る方向により形が異なるので，隅角部には「隅の柱頭」と呼ばれる特殊な柱頭を用いる必要があった（図43）．また，イオニア地方（トルコ西部）では，ギリシア本土と異なり，正面が西を向いたり，背面に奇数の円柱を配置する神殿もまれでなかった．

　トルコ西岸のイオニア式神殿には巨大なものが多く，列柱廊を二重にした二重周柱式がしばしば採用された（図46・47）．しかし，これはきわめて多数の円柱を必要とし，工費がかさむため，内側の列柱を省いた疑似二重周柱式という形式が考案された．これに対し，ギリシア本土ではイオニア式神殿は比較的小規模なものが多かった．

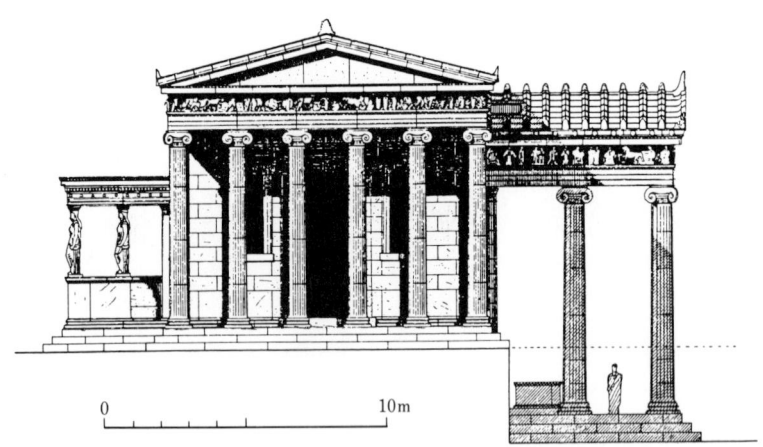

図45　エレクテイオン東立面図（アテネ，前421-406）
敷地の高低差と多数の祭神により，複雑な構成となったが，優美をきわめた神殿．谷をつくらない複数の屋根の組み合わせ方，壁付きの半円柱や窓のつけ方を知ることができるまれな作例である．中央の六柱式正面はアテナ・ポリアス神室の東ポーチ，右はポセイドン・エレクテウスの神室へ入る北ポーチの側面，左はカリアティド（女像柱）のポーチの側面で，このポーチはおそらく演壇として用いられた．

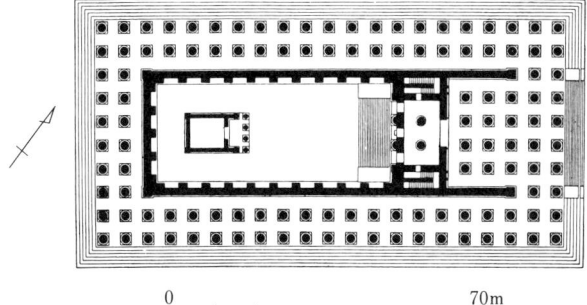

図 46 ディデュマのアポロ神殿平面図（ミレトス近傍，前3世紀）
二重周柱式の巨大神殿で，51.1 m×109.3 m．イオニア式円柱の高さ19.7 m．プロナオス奥に一段と高い二本円柱の立つ神託室があり，22 m×54 mの中庭状の神室には最初から屋根がなく，奥に初期のアポロ神殿の遺構が残されている．ギリシア本土のデルフィのアポロ神殿と並ぶ東方の神託神殿であった．

図 47 ディデュマのアポロ神殿内部
中庭状の神室内にはもとの地盤がそのまま保存されている．神官は大階段左右のトンネル通路を下って中庭に降り，アポロの神託を受けてから中央の大階段を上り，二本柱の神託室からプロナオスで待つ使者に神託を授けた．

1.3.4 コリント式オーダー

コリント式オーダーは前5世紀末にパルテノンの建築家イクティノスが初めて用いたといわれ（図48），ギリシャ時代には作例がきわめて乏しく，ローマ人に伝えられ，ローマ時代に完成したオーダーである．礎盤はアッティカ風のイオニア式礎盤に似ているが，柱身はイオニア式よりもやや細い．十分に発達したコリント式柱頭（図60）は，鐘を逆さまにした形の本体の下部に各段八枚のアカンサスの葉飾りを二段張り付け，上段の葉の間から各面につき二本の鞘が出て，それぞれの鞘から二本の茎が伸び，一本は隅に伸びて隅の渦巻（ヴォルート）となり，他の一本は各面の中央の渦巻（ヘリクス）を形づくる．アバクスは各辺を糸巻形にえぐった薄い板で，中央の渦巻の上に当たる部分に花飾りをつけた．

コリント式オーダーは，ギリシャ時代には神殿内部の一部分とか（図48），「トロス」と呼ばれる円形建物の内部や（図49・50），記念碑（図51）の装飾に用いられただけで，大規模な建物の外部円柱への適用はローマ時代に持ち越された．

図48 バッサエのアポロ神殿内部復原図（前420頃，イクティノス）
この神殿は外観はドリス式だが，内部の両側に特異なイオニア式壁付き柱の柱列があり，中央奥に一本だけコリント式円柱が立っていた．神殿は北向きであるため，ケルラ（神室）奥の東側（左方）にも戸口が設けてある．

図49 デルフィのトロス（前400頃）
直径13.5m．ドリス式円柱20本の外部列柱廊があり，外径8.41mのケルラの内壁にはまだ未発達なコリント式円柱10本が付け柱として付着していた．

図50 エピダウロスのトロス内部のコリント式柱頭（前350頃）
このトロスは直径21.8m．外部列柱廊はドリス式円柱26本から成り，外径14.2mのケラの内部にコリント式円柱14本が直径10.5mの内部列柱を形づくっていた．柱頭は葉飾りや茎がまだ十分に広がらず，各要素の間の余白部分が目立つ．

図51 リュシクラテスの記念碑（アテネ，前334）
リュシクラテスが指揮した合唱団の優勝記念碑．台座の高さ4m，円筒部の直径2.8m，高さ6.5m．6本のコリント式半円柱の柱頭は様式的にまだ未完成である．頂部には優勝トロフィーが載り，フリーズに浮彫，アーキトレイヴに銘文が刻まれている．

1.3.5 都市計画・都市施設と住宅

ギリシアの都市は，険しい丘陵を要塞化してアクロポリス（上市）とし，その麓の下市の中心に多目的広場アゴラ（図52）を設け，アゴラ周辺に神殿，議事堂，市場，ストア（列柱廊），下市の周辺に劇場，競技場，体育館などを不規則に配置した．ギリシアの古典時代（前5～4世紀）には，神域内の建物配置にも規則性がなく，絵画的に配置されるのが通例であった．前5世紀にミレトスのヒッポダモスが格子状街区の都市計画を考案したといわれ，ミレトスやプリエネ（図53）のような新設の植民都市の街区に適用されるようになった．

劇場や競技場は，もっぱら自然の地形を削って観覧席とするのが特色で，劇場

では，円形の土間（オルケストラ）が主要な舞台であり，背景部分は補助的な装置であった（図54）．体育館（パラエストラ）は，レスリングや拳闘を行う中庭を列柱廊で取り巻いた建物で，周囲に脱衣室・浴室・休憩室・講義室などを配置していた．住宅は一般に質素で小規模で，戸口以外にはほとんど開口部のない壁で囲まれ，中庭を囲んで小室が配列されていた（図55）．

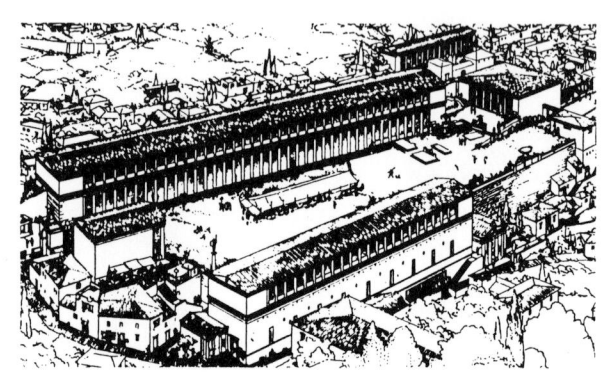

図 52 アッソスのアゴラ（前 3-2 世紀）
アクロポリス直下の 50 m×150 m×31 m の台形広場．二階建のストア（列柱廊）で挟まれ，西端に前柱式神殿，東端に方形のブーレウテリオン（議事堂）があった．

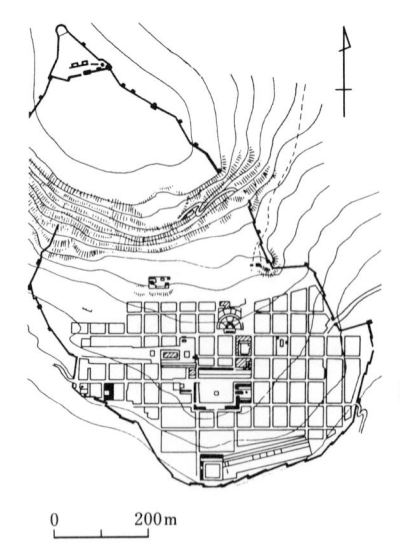

図 53 プリエネの都市計画（前 350 頃）
アクロポリスを含む自然の地形に合わせて防衛のための市壁をめぐらし，格子状街路の市街地の中央にアゴラ，中央西寄りにアテナ神殿を配し，北の山裾に劇場，南端部に競技場と体育施設を設けている．

1.3 ギリシア建築

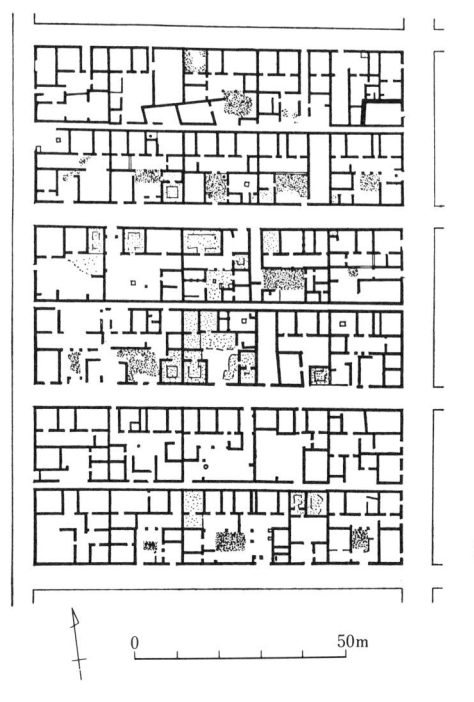

図 54 エピダウロスの劇場(前 350 頃—前 2 世紀, ポリュクレイトス)
直径 113 m, 高さ 20 m, 13,000 人収容. 観覧席は, 下半が 13 本の階段で 12 区画, 上半は 23 本の階段で 22 区画に分割されている. 背景の建物を越えて神域の山野が一望できた.

図 55 オリュントスの住居 (前 440 頃)
整然とした計画都市で, 住戸単位は 17.7 m×15.2 m, 約 270 m². 中廊下(パスタス)の南に中庭, 北に居室を設けているが, 同じプランがひとつもないことに注意.

1.3.6 ヘレニズムの建築

前338年から323年にかけてのアレクサンドロス大王の東方遠征の結果，ギリシア文化がオリエントの広大な地域に普及するとともに，ギリシア建築も東方やエジプトからの影響を受けて変化した．このいわゆるヘレニズム時代（前323-前30）には，それまで不規則に配置されるのが通例だった神域の建物の配置に軸線や対称性を重んじる傾向が強く現れ（図56），それがローマ建築の配置計画に伝えられた．また，神殿・神域・公共施設に用いられていた円柱を用いた列柱廊が，住宅やホテルのような民間施設の中庭にも取り入れられるようになり，上級住宅や宮殿では，列柱中庭に面して広々とした歩廊やモザイクで舗装した居間や食堂が設けられた（図57）．

図56 コスのアスクレピオスの神域（前2世紀前期）
ヘレニズム時代の典型的神域．次第に上昇する3段のテラスから成り，最上段にドリス式神殿とコの字形のストアが立ち，全体が強い中心軸線で統一されている．

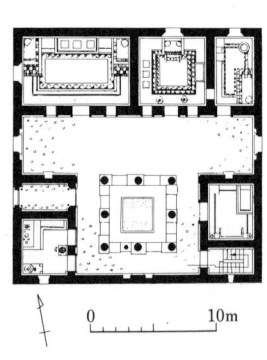

図57 デロス島の住宅の平面図（前2世紀）
$19.2 m \times 19 m$，建築面積約365 m^2．パスタスの北側にモザイク床のある主要室，南側に，玄関，台所，列柱中庭（ペリスタイル），食堂，階段室がある．南東隅の木造階段で二階に上がる．

1.3.7 ギリシア建築の構築技術

ギリシア神殿は，ムクの石材を鉄のカスガイで接合し，隙間を鉛で固定して組み立てられた．円柱は太鼓型のドラムを木製のダボでつないで積み上げた．アテネ周辺のような良質の大理石に恵まれなかった地方では，多孔質の石材に大理石粉を混ぜたストゥッコを塗って穴埋めし，磨いてから彩色した．住宅や一般建築では，基礎だけが石材で，壁は日干しレンガを積むか，あるいは木造の軸組に日干しレンガを充填してつくった．貴重な木材は，主として小屋組，二階床組，建具，家具のように，絶対に木材を必要とする部分にのみ用いられた．

ギリシア人はエジプト人と異なって，テコや滑車の原理を知っており，起重機によって石材を引き揚げる技術に習熟していた．比較的少数の人員で大建築を建造することができたのはそのためである．しかし，神殿建築ではムクの石材を用いることにあくまで固執したため，建造には長い時間を費やした．にもかかわらず，間口50 m，奥行100 m前後の巨大神殿がいくつか試みられたのは，あえて困難な建設に長期間取り組むことを生き甲斐とし，戦争に代わるエネルギーのはけ口にしていたとしか考えられない．「ギリシア人は，戦争をしていないときには建築をつくっていた」という言い伝えがある．

ヘレニズム時代には，ギリシアとオリエントの技術が融合され，石材に乏しい地方では，レンガ積みの円柱をストゥッコ仕上げしたり，壁構造の建物に半円柱やピラスター（平たい柱形）を付け柱とし，壁面を大理石の薄板で化粧張りする方法が広く行われるようになった．このように多様化し，応用範囲が拡張された技術はそのままローマ建築に受け継がれた．

1.4 ローマ建築

1.4.1 ローマ建築の構築技術とオーダー

ローマ人は地中海周辺を一括する大帝国を築き，古代文明を総合する建築文化をつくり上げた．神殿の基本形式と石造アーチの技術をエトルリア人から，巨石運搬の技術をエジプト人から，レンガ造の建築に化粧張りする技術をオリエントから，三種のオーダーと大理石彫刻の技術をギリシアから学び，それぞれを完全

に消化して自由に組み合わせ，総合的な建築技術とした．ウィトルウィウス（前90頃-前20頃）は，ギリシアの建築書を参照して『建築書』（前20年頃）を書き，共和政時代の建築技術を現代に伝えている．

ローマ人の工法でとくに注目されるのは，石材・レンガとコンクリートの併用技術で，石やレンガで築いた二重壁そのものを型枠とし，天然セメントと消石灰を接着剤とした硬練りのモルタルを充塡しては石塊・レンガ屑などの骨材を押し込むという方法を繰り返し，きわめて耐久性に富んだコンクリート壁を築いた（図58）．この技法はアーチ，ヴォールト天井，ドームの建造にも応用され，それまでにない新しい建築形態を生んだ（図59）．ナポリ地方のバイアエでは，すでに前40年頃，直径22mのパンテオン型の天窓つきコンクリート造ドームがつくられている．天然セメントはナポリ近郊とローマ市周辺では容易に入手できたが，天然セメントが入手できない地方でも，石材・レンガと石灰モルタルでこうした新しい形態を模倣した．

ローマ人はコリント式オーダーを好み，これを完成させたうえ，トスカナ式とコンポジット（複合）式という二種の新しいオーダーを加えた．トスカナ式はエトルリア神殿のオーダーで，柱身の彫溝がなく，大きな柱間に木材の梁を架けた形式であるが，実際の遺構はなく，簡素な建物だけに用いられたらしい．コンポジット式は，二種の柱頭を組み合わせた柱頭をもつもので，通例はコリント式の葉飾りの上に比較的厚いイオニア式の渦巻を四隅方向に張り出したものであった（図60）．ドリス式はあまり好まれず，主として二種以上のオーダーを重ねる場合の下層に用いられた．彫溝の省略もしばしば行われ，とくに花崗岩のような硬い石材や色大理石のような縞目の美しい石材の円柱に適用された．

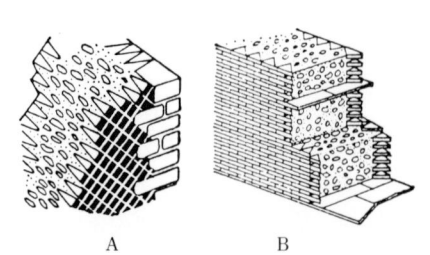

図58 ローマのコンクリート工法
A：二枚の石造壁の間に充塡．小さい間知石を斜め格子状に積んだ壁は「網目積み（オープス・レティクラトゥム）」と呼ばれる．B：二枚のレンガ壁の間に充塡．「レンガ積み（オープス・テスタケウム）」と呼ばれる．

1.4 ローマ建築

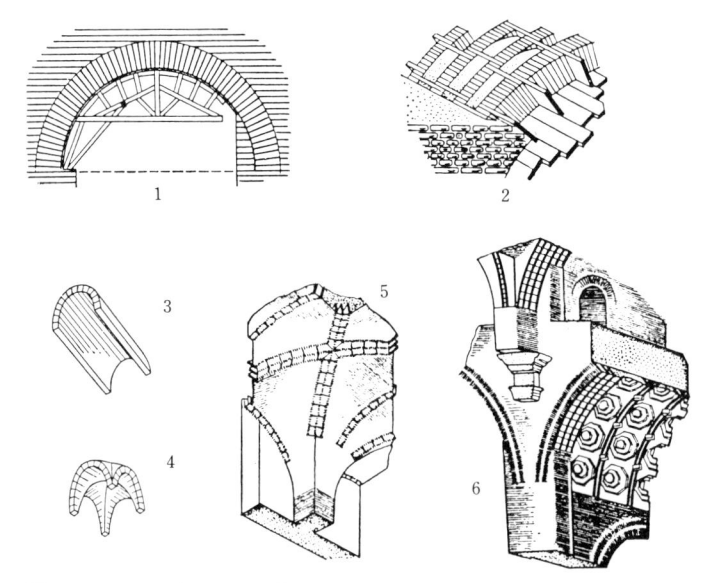

図 59 ローマのヴォールト工法
1：木造型枠によるアーチの建造．2：レンガとコンクリートによるトンネル型ヴォールトの建造．3：トンネル型ヴォールト．4：交差ヴォールト．5：レンガのリブとコンクリートによる交差トンネル型ヴォールト．6：レンガのリブとコンクリートによるトンネル型ヴォールト．

図 60 ローマ建築のオーダー
左から，ドリス式（マルケッルスの劇場），イオニア式（マルケッルスの劇場），コリント式（パンテオン），コンポジット式（ティトスの記念門）．

1.4.2 道路・橋・水道

　ローマ帝国は軍事力の機動性によって維持されていたから，比較的少数の軍団を迅速に各地に派遣できるよう，帝国全土にわたる道路網がつくられた．主要な道路は約6mの幅で，1.2mの深さからコンクリート，石材，砂利，コンクリートの層を重ね，表面の硬い舗装板石の目地に鉛を充填して固定した．戦車や車両の交通が重要だったので，道路はなるべく直線的に敷設され，橋も道路面と同じ高さの堅固な石造アーチ橋とし，とくに橋脚の配置と形態に注意を払った．

　軍事力に自信があったため，しばしば都市を無防備な平地につくり，遠い山間の泉から水道を引いた．優れた測量術により水道の勾配は 10,000 分の 4 前後という緩やかさで，山に出会えばトンネルをうがち，谷間や平地には水道橋を建設した．ニーム近傍のガールの水道橋（図 61）やセゴビアの水道橋はその最も著名な例である．ローマ市には九本の水道によって豊富な給水が行われ，多数の噴泉が設けられた．

図 61 ガールの水道橋（ニーム近傍，前 20 頃）
全長 50 km の水道の一部．長さ 275 m，高さ 49 m．スパンは一様でなく，第三層のアーチのみが均等で，上部に幅 1.2 m，深さ 1.85 m の防水モルタル塗りの水路があり，板石の蓋がかぶせられている．

1.4.3 都市・フォルム・記念門・記念柱

古くからあった都市は別として，新たに植民都市をつくる場合には，ローマ軍団の宿営の形式をとり，四方に市門を設けた市壁で囲んだ方形の市域に格子状の道路を配置した（図62）．東西方向の道路をデクマヌス，南北方向の道路をカルドと呼んだ．中央の大通りにあたるデクマヌス・マクシムスとカルド・マクシムスはしばしば列柱道路とし，下水道を敷設した．市の中心部に，ギリシアのアゴラに相当する多目的広場のフォルムを設け，周辺に神殿，元老院，演壇，バシリカ（裁判所・取引所），マーケット，監獄を建て，記念碑，記念柱，記念門などを配置した．

ローマ市では，自然発生的な古いフォルム（図63）のほかに，帝政時代から新たに諸皇帝のフォルムが建造された（図64）．これらはヘレニズムの神域にな

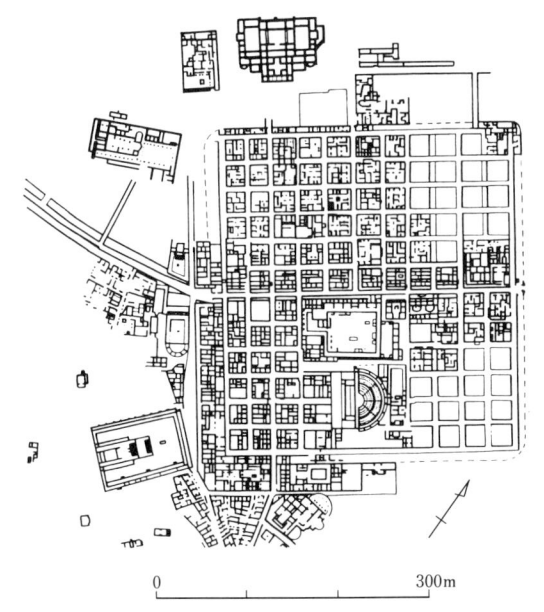

図 62 ティムガドの都市計画（アルジェリア，後100頃）
　トライアヌス帝創建の退役軍人のための植民都市．355 m角の市域を越えて発展し，市域外に大神殿，浴場，市場，邸宅，キリスト教の教会堂が建てられている．

図 63 フォルム・ロマヌム復原図（ローマ，後 203 頃）
中央に演壇（ロストラ），右にセプティミウス・セウェルスの記念門，背後にコンコルドの神殿，その左にウェスパシアヌスの神殿とサトゥルヌスの神殿，背後に一段と高くタブラリウム（公文書保存所），左上隅にカピトリヌスの丘のユピテル神殿が見える．

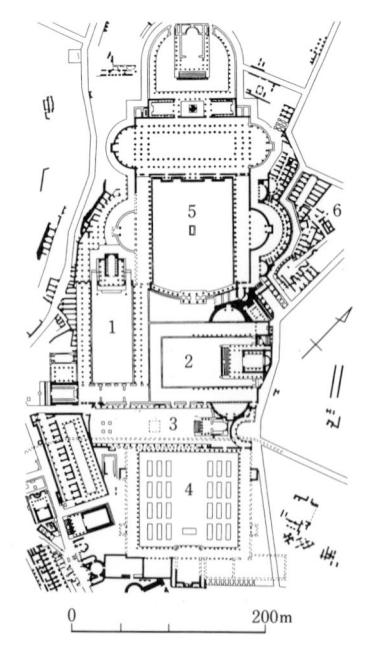

図 64 諸皇帝のフォルム（ローマ，前 51-後 112 頃）
1：カエサルのフォルム．2：アウグストゥスのフォルム．3：ネルウァのフォルム．4：ウェスパシアヌスのフォルム（平和の神殿）．5：トライアヌスのフォルム．6：トライアヌスのマーケット．

1.4 ローマ建築

らい左右対称で，列柱廊で囲まれた広場の軸線上に神殿や皇帝の騎馬像を配した整然とした複合建築であった（図65）．とくにトライアヌスのフォルムは，列柱廊広場の奥にバシリカ・ウルピア（図83），さらにその奥に記念柱と二つの図書館と神殿を設け，ローマ市最美の建築に数えられていた．また隣接して巨大なマーケットが設けられていた（図66）．

図65 カエサルのフォルム復原図（ローマ，前51-46）
　最初の計画的フォルム．正面にウェヌス・ゲネトリクスの神殿，左右に列柱廊を配し，間隙部を記念門でつないだ．左手の列柱廊の奥の部分には少数の店舗も設けられていた．

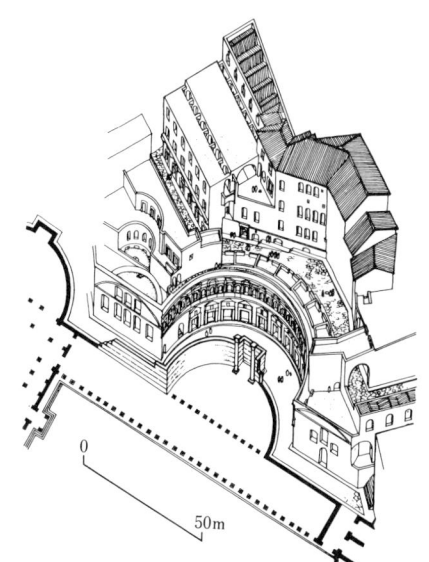

図66 トライアヌスのマーケット（ローマ，110-112頃）
　六階までの高さに立体的に構成されたマーケット建築．高い位置にある三階建の建物の内部には，浴場の大広間に似たヴォールト天井のホールが設けられている．

図67 ティトゥスの記念門（ローマ，後81頃）
間口13.7m，奥行6.7m，高さ14.8m．ティトゥス帝のユダヤ征服を記念した単アーチ門．コンポジット式オーダーを用いた早い例である．

図68 セプティミウス・セウェルスの記念門
（ローマ，後203）
間口23.30m，奥行11.85m，高さ20.80m．柱台付きコンポジット式円柱は壁面から独立し，銘文を刻んだ屋階の上には戦車に乗るセウェルス帝その他の群像が載っていた．

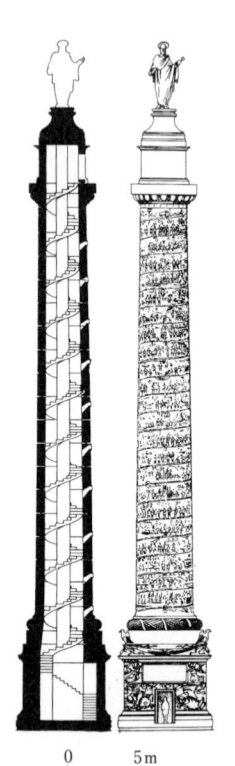

図69 トライアヌスの記念柱（ローマ，後113）パロス島産大理石造．直径3.7m，総高38m．185段のラセン階段で登れる．全長244mに及ぶラセン状の浮彫帯には，101-06年に行われたトライアヌス帝のダキア遠征の状況が刻まれている．頂部を飾っていたトライアヌスのブロンズ像は1588年に聖ペテロの像に置き換えられた．

記念門（図67・68）は，凱旋する将軍あるいは皇帝の栄誉をたたえる仮設の凱旋門を恒久的な建築形式としたものであるが，必ずしも凱旋門ばかりでなく，都市内外の区画点，街道の起点・終点，個人や団体の記念碑，一族の葬祭記念碑などの目的で建てられたものも多い．通例，屋階の中央パネルに銘文を刻んだ．最初は単アーチであったが，やがて三連アーチの形式が生まれ，十字形にトンネルをうがった四方門の形式もあった．

　記念柱もローマ人が生み出した新しい記念碑の形式で，ラセン階段で上れる円柱の頂部に皇帝の彫像を飾り，円柱の周囲のラセン状の帯に功績を物語る浮彫を施した（図69）．また属領となったエジプトから多数のオベリスクを運搬して，首都ローマ市の要所に立てた．

1.4.4　神　　殿

　ローマの長方形神殿は，エトルリア神殿にギリシア風のオーダーを取り入れたもので，前方にのみ階段のある高い基壇の上に立ち，通例は長方形の神室（ケラ）の前方にだけ列柱廊玄関を設けている（図70・71）．高い基壇の内部にはし

図70　メゾン・カレー（ニーム，前19-前1年）
ほとんど完全に保存された正面六柱の典型的ローマ神殿．ギリシア人工匠の作で，コリント式オーダーその他の彫刻装飾はきわめて優美である．コーニスに軒持送り（モディルヨン）が初めて用いられている．

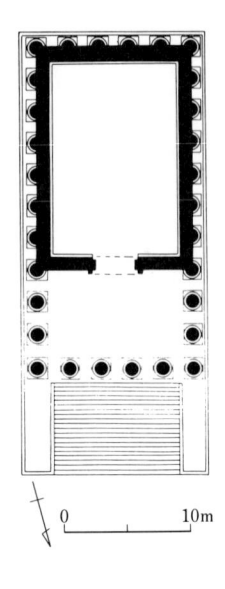

図 71 メゾン・カレー平面図
間口 15 m, 奥行 32 m, 高さ 18 m, 基壇の高さは 3.3 m. 神室の壁に半円柱をつけた疑似周柱式で, 北向きに立っている. 創建時は周囲の広場が列柱廊で囲まれていた.

ばしばヴォールト天井の室が設けられ, 宝庫や倉庫に用いられた. ローマ神殿にはギリシア神殿のような方位の制約がなく, どちらの方向に向けてもよいので, 都市内に建てるのに適していた. しかし, ギリシアの影響力は大きく, 神室の側壁や背面にも半円柱の付け柱をつけて周柱式に似せることもしばしば行われ, 時にはまったくギリシア風に全周に列柱廊をめぐらせることもあった. 他方, 風土の多様性に合わせて, ペジメントはギリシア建築よりも勾配が強く, 通例 0.35‐0.45 になった. またギリシア人と異なり, フリーズやアーキトレイヴにしばしば建造の由来を銘文として刻んだ.

ローマ人は, 華麗で柱の細いコリント式オーダーを最も好んだ. イオニア式がそれに次ぎ, ドリス式はきわめてまれにしか用いられなかった. 帝政時代には, 神室や列柱廊にトンネル型ヴォールト天井を架けたり, 神室の内部側壁にニッチを並べたり, 奥に半円形のアプスや厨子を設けたりして, 内部を豪華に装飾した (図 74・75・78・80). これは, 人が内部に入れたためで, 神殿が元老院の議場や集会所として使われる例もあった. ギリシア時代にならい, 巨大神殿もいくつか建てられた. レバノンのバールベックの大神殿 (図 72～74) やローマのウェヌスとローマの神殿 (図 75) はその顕著な例である. 円形神殿もしばしば建て

1.4 ローマ建築

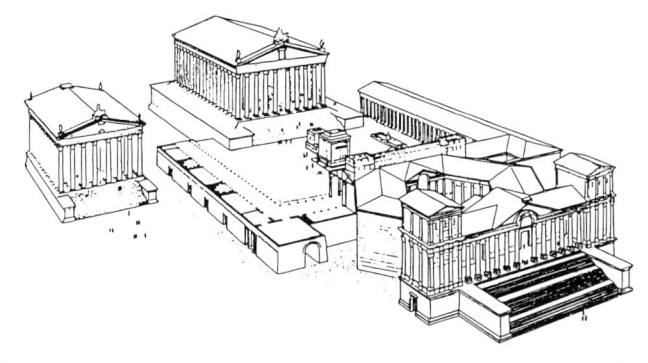

図 72 バールベックのアクロポリス全景（後 1-3 世紀）
階段付きのプロピュライア，高さ 7.3 m のテラス上の六角形中庭を通って入る方形中庭の奥にユピテル大神殿．テラス下の左手の地上にバッカス神殿がある．

図 73 バールベックのユピテル大神殿（後 1 世紀）
地上から 14 m，テラスから 6.7 m の高さにある基壇上に立つ正面 10 柱，側面 19 柱，45 m×85 m の大神殿．円柱の直径 2.08 m，高さ 19.76 m．エンタブラチュアの高さ 4.03 m．

図 74 バールベックのバッカス神殿内部復原図（後 2 世紀）
8 柱×15 柱，36.2 m×83.8 m の周柱式神殿．23.6 m×46.6 m，高さ 18.1 m の神室は半円柱やニッチでにぎやかに飾られ，正面の大階段の奥に神像を収めた厨子があった．

られた（図76）．ローマのパンテオンはコンクリート技術を駆使したドームを架けた大規模で画期的な円形神殿で，ローマ建築の偉容と優れた構造技術を最もよく伝えている（図77〜80）．

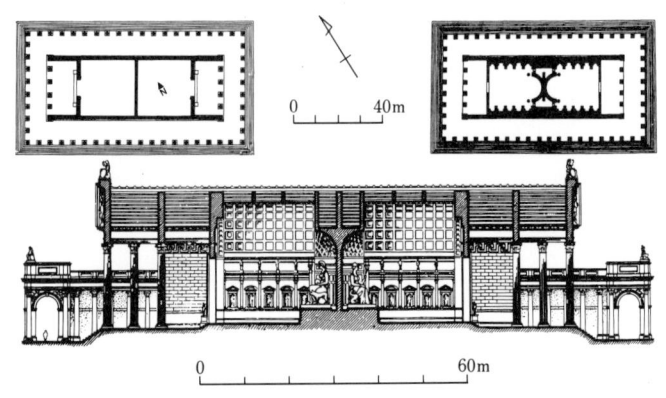

図75　ウェヌスとローマの神殿（ローマ，後128-135，283火災，後307-12改修）
ハドリアヌス建造の巨大神殿．52.5 m×105 m．背中合わせの神室をギリシア風の列柱廊で囲む．初めは木造平天井の箱形の神室で，火災後，コンクリート造のヴォールト天井と半ドームつきアプスをもつ神室に改造された．

図76　ウェスタの神殿（ティーヴォリ，前80頃）
おそらくギリシア人によってローマに移植されたギリシア型のコリント式円形神殿．直径14 m．基壇と壁の芯はコンクリート造．エンタブラチュアや柱頭にヘレニズム時代の特色が見られる．

図77　パンテオン外観（ローマ，後118-128）
正面玄関のフリーズにアグリッパの名が刻まれているが，すべてハドリアヌス帝の建造で，ドームは鍍金ブロンズの瓦で葺かれ，現在の広場の位置に列柱廊で囲まれた前庭があった．

1.4 ローマ建築

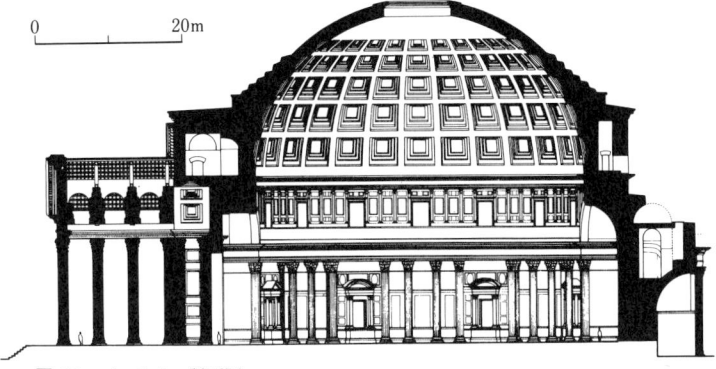

図 78 パンテオン断面図
周壁とドームのコンクリートの骨材は，下部から五段階に軽くされてゆき，最上部は軽石を使用している．天窓の直径は 9 m．この図面の第二層には創建時のデザインが示されている．

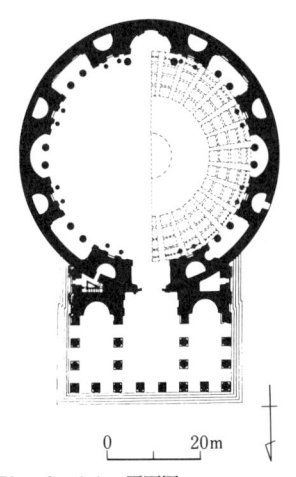

図 79 パンテオン平面図
直径・高さともに 43 m．レンガ造の補強アーチが多数組み込まれた厚さ 6 m のレンガ型枠コンクリート壁は，多数のニッチや半円形の室がくりぬかれて，実質的には厚さ約 2 m の折板構造になっている．

図 80 パンテオン内部（パンニーニ画，1740頃）
床や壁は多色大理石張り．第二層は 1747 年に改装されて創建時のデザインが失われている．しかし，現在は奥に向かって右手の一部分だけオリジナルのデザインが復原されている．

1.4.5 浴場・バシリカ

ローマの浴場は，ハイポコーストと呼ばれる床下や壁内部の空洞に熱気を通して浴室そのものを温め，発汗をうながす方式であった．焚き口に近い室は熱く，焚き口から遠い室ほど温度が低くなることを利用して，温度差のあるいくつかの浴室を並べ，水槽やプールも設けた．皇帝たちが市民のために建てた大規模な浴場では，テラスの上に，中央大広間を熱浴室・温浴室・冷浴室・体育館・中庭などで囲んだ建物を建て，テラスには競技場・講堂・図書室・庭園などを設けて，完備したレクリエーション施設としていた（図81・82）．

バシリカは裁判所・取引所に用いられたホール建築で，天井の高い中央広間の両側あるいは周囲を列柱廊で囲み，中央広間部分に高窓を設けて採光し，内部を均等に明るくした（図83）．大規模なバシリカでは，内部を障壁で区切り，同時にいくつもの裁判や取引が行われた．バシリカの一端あるいは両端にしばしば半円形の凹所（アプス）が設けられ，裁判官あるいは取引裁定者の席となった．バシリカは，通例は石材の柱と木材の梁で建てられたが，防火のため，列柱廊部分には早くからコンクリートのヴォールト天井が導入されており，帝政後期にはコンスタンティヌスのバシリカのようなレンガ型枠コンクリート造のバシリカが建

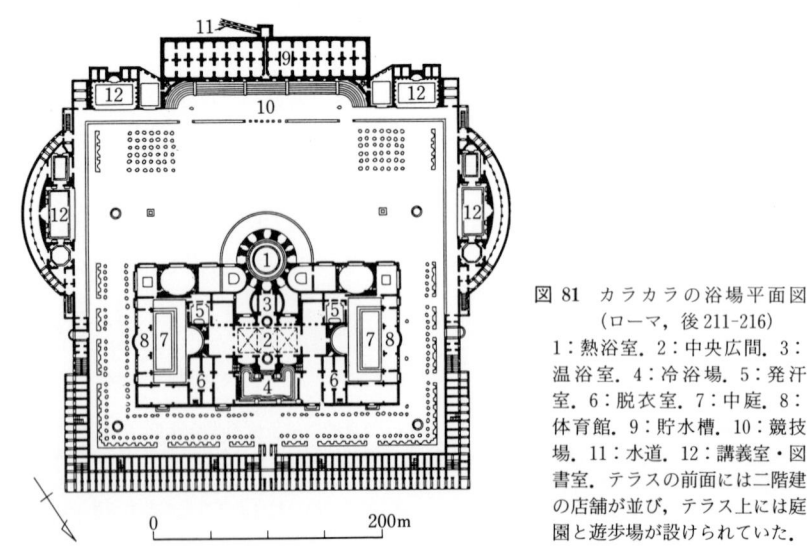

図81 カラカラの浴場平面図（ローマ，後211-216）
1：熱浴室．2：中央広間．3：温浴室．4：冷浴場．5：発汗室．6：脱衣室．7：中庭．8：体育館．9：貯水槽．10：競技場．11：水道．12：講義室・図書室．テラスの前面には二階建の店舗が並び，テラス上には庭園と遊歩場が設けられていた．

1.4 ローマ建築

図82 ディオクレティアヌスの浴場復原図（ローマ，後298-306）

中央広間前の水浴場の光景．カラカラ浴場の1,600人に対し3,000人を収容．中央広間と円形の温浴室の部分は，1563年にミケランジェロによりサンタ・マリア・デッリ・アンジェリ聖堂に改修され，現存している．他の残存部分はローマ国立博物館となり，1870年以降ローマ市内で発見された古代遺物を収蔵している．

図83 バシリカ・ウルピア復原図（ローマ，後98-112，アポロドーロス）

トライアヌスのフォルム付属の60m×160mの大バシリカ．25m×100mの身廊部を二重側廊が囲み，両端に直径40mの大アプスがつく．二階にも側廊があり，三階の高窓から採光していた．このバシリカを含めて，トライアヌスのフォルムはローマ市の最も美しい建造物のひとつとみなされていた．

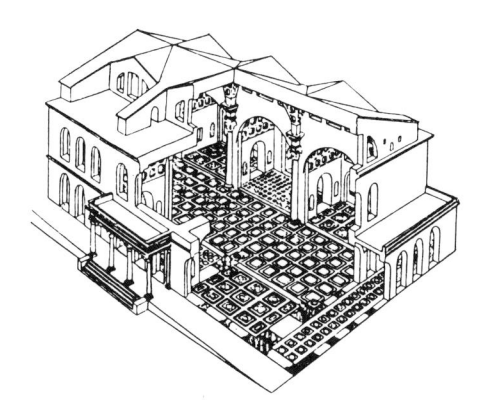

図84 コンスタンティヌスのバシリカ（ローマ，後307-313）

65m×93mの全コンクリート造のバシリカで，浴場建築の中央広間の部分を独立させた形式．交差ヴォールト天井三個を並べた身廊部は25.3m×80.8m，高さ35m．身廊部を飾っていた高さ14.5mの大理石円柱の一本が，現在サンタ・マリア・マッジョーレ聖堂（図101）の正面前に立てられている．

造された（図84）．

1.4.6 劇場・競技場・戦車競技場・闘技場

　ローマの劇場（テアトルム）は，ギリシア劇場を基本としているが，背景部分が発達して完全な舞台になり，オルケストラは半円形の平土間となって，その周辺が貴賓席に当てられた．平地でも建てられるように観覧席をヴォールトで支え，舞台・楽屋部分と観覧席部分を同じ高さに揃えて一体化し，夏期には天幕で覆える構造とした（図85）．

　競技場（スタディウム）もギリシアから学んだ形式であったが，劇場の場合と同じように，観覧席をヴォールトで建造した．戦車競技場（キルクス）は二輪戦車競走用に改変した競技場で，出走門や中央分離帯の設計に競技を公平なものにする工夫が見られる．ローマのキルクス・マクシムスはローマ世界最大の戦車競技場として知られた（図86）．闘技場（アンフィテアトルム）はギリシアにはなかった新しい形式の円形劇場で，剣闘士の試合や剣闘士と猛獣の戦い，その他の大規模な見せ物のために建てられ，時にはアレーナに水を満たして模擬海戦を行った．ローマのコロッセウムはその代表例である（図87・図88）．模擬海戦専用の円形劇場ナウマキアもいくつかつくられたが，遺構は残っていない．

図85　マルケッルスの劇場復原模型（ローマ，前40-17頃）直径129.8m，高さ32.6m．15,000-20,000人収容．観覧席は41個の扇形のヴォールト天井で支えられていた．中世にローマの豪族オルシーニ家の邸宅に改造された．

1.4 ローマ建築

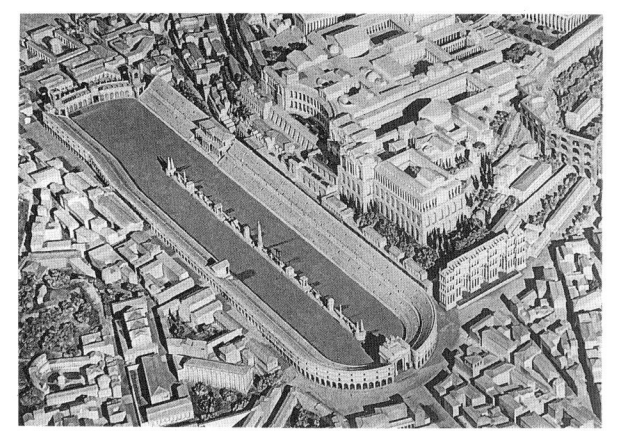

図 86 キルクス・マクシムス復原模型（ローマ，後 4 世紀）
長さ約 600 m，幅約 140 m．長さ 334 m の中央分離帯を反時計回りに七周して勝負を決した．競技者に公平なスタート条件を与えるため，出走門と中央分離帯はやや斜めに配置されている．背後の丘上の建物はローマ皇帝の宮殿（図 93）である．

図 87 コロッセウム（ローマ，後 72-80 頃）
三種のオーダーを重ね，第四層にコリント式ピラスターと天幕支柱を支える持送りがつき，コーニスには支柱用の角穴があいている．

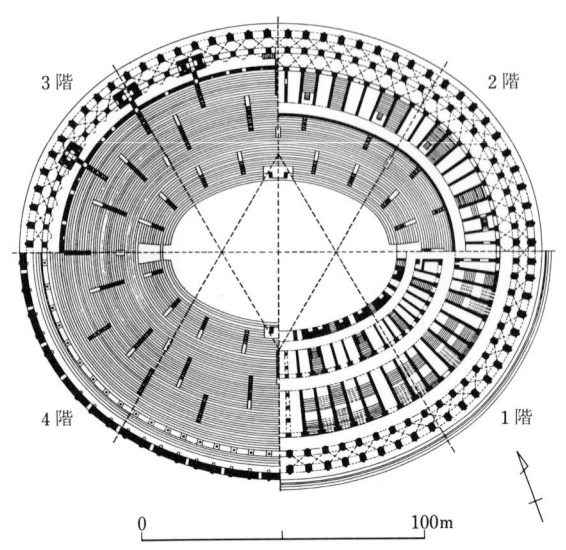

図 88 コロッセウム平面図（ローマ，後 72-80 頃）
長径 187.8 m，短径 155.6 m，高さ 48.5 m．石材，レンガ，コンクリートを巧妙に組み合わせたハイブリッド構造．5万人の観衆が全周にある出入口から迅速に退場できた．

1.4.7 住宅・宮殿・ヴィッラ

ポンペイの住宅は前3世紀から後1世紀にかけてのもので，アトリウムという天窓のある室内中庭とペリスタイルという列柱廊中庭を結ぶ風通しの良い軸線上に居間，客間をおき，その左右に個室や食堂を配置している（図89〜91）．アトリウムはエトルリア起源のイタリア固有の伝統形式で，ペリスタイルはヘレニズムのギリシアから輸入された外来の形式であった．大邸宅の内部は壁画やモザイクや彫刻で豊かに飾られていたが，入口は小さく控えめで，敷地の主要街路に面する側には貸店舗，脇道に面する側には貸家・車庫などを設けていた．

オスティアの住宅は主として後2世紀・3世紀に建てられたもので，レンガ型枠コンクリート造の中庭式多層建築であった（図92）．主要街路に面する一階には中二階をもつ店舗が並び，二階以上はアパートメントに分割され，すでに西欧都市建築の原型を形づくっていた．ローマ市に現存する住宅遺構はわずかしかないが，全盛期にはオスティア式の中庭式多層建築で充満していたと考えられる．

1.4 ローマ建築

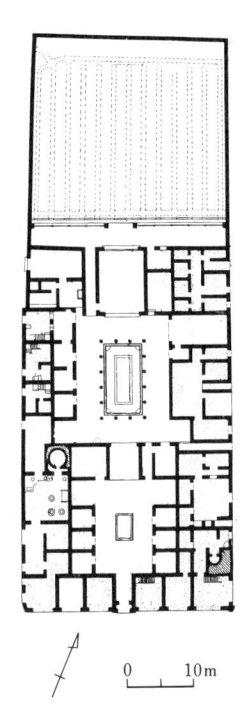

図 89 パンサの家平面図（ポンペイ，前2世紀）
33 m×91 m，約3,000 m² の敷地に，道路に面して店舗と貸家，中心軸線上に玄関通路，アトリウム，居間，ペリスタイル，主室を並べ，アトリウムの両側には個室とアーラ，主室の東側に夏用・冬用の食堂，西側に台所を配し，背後にテラスと庭園を設けている．

図 90 ヴェッティの家のアトリウム（ポンペイ，後1世紀）
アトリウム部分の間口8 m，奥行10 m，天窓は2 m×3 m．敷地が32 m×36 m と比較的狭いため，この住宅ではアトリウムがペリスタイルに直接接続している．天窓下の水盤にはオーバーフローがついており，あふれた雨水は地下貯水槽に貯えられた．

図 91 ヴェッティの家のペリスタイル
中庭部分は9 m×18 m．周囲に幅約3 m の歩廊がめぐらされているが，南側と西側の二辺は囲みの壁だけで，部屋がない．円柱は，円筒状の石材にストゥッコを塗り，彫溝を施している．柱頭はブロンズ製であったと推定される．

図 92 オスティアのアパート復原模型（後3世紀）
大きな戸口は中二階付き店舗，小さい戸口は二階以上にあるアパートメントの入口である．大都市では七階建以上の高層アパートが多数建てられていた．19世紀ヨーロッパの都市建築の原型がすでにこの時期に形成されていたことがわかる．

七-八階建以上の高層アパート建築が多数あったことは，皇帝がしばしば20 m前後の高度制限を布告していることからも明らかで，これは他の著名な大都市でも同様であった．

　前1世紀末から後3世紀にわたって建造されたパラティヌス丘上のローマ皇帝の宮殿（図 93）は 300 m四方に及ぶ広大なもので，とくにドミティアヌス帝が建造した公式宮殿の部分は，スパン 30 mを越える謁見室，大中庭，宴会場を軸線上におき，バシリカ，付属室，庭園などが付属していた．公式宮殿の背後には居住用宮殿があり，中庭を囲んで大小の部屋が立体的に配置され，南西端の湾曲した歩廊が大戦車競技場キルクス・マキシムスを見下ろしていた（図 86）．これに対し，スパラトにあるディオクレティアヌスの宮殿（図 94）は，皇帝が引退後の居城として建造したもので，ローマ軍団の要塞都市をモデルとしていた．

　ローマ人は田園生活を好み，都市住宅のほかに農場を経営する地主屋敷をもつことを理想とした．オリーブ油やワインを製造する工場をもつ農場屋敷もあった．また純粋に余暇を楽しむために，しばしば都市の郊外や海岸や山岳地に別荘を構えた．これら二種類の別邸をヴィッラという．ティーヴォリにあるハドリアヌス帝のヴィッラは，この建築家皇帝が自由な構想のもとに各種の建物を次々と

1.4 ローマ建築

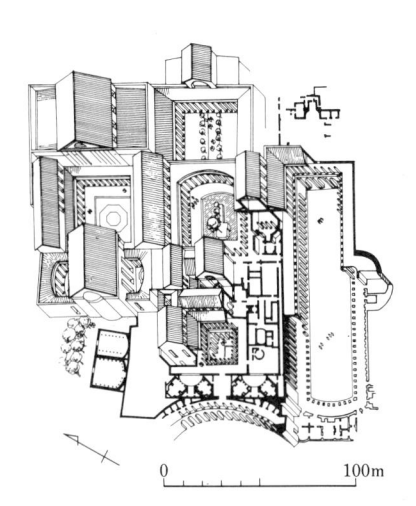

図 93 ローマ皇帝の宮殿（ローマ，後1世紀-3世紀）

左側の列に，ドミティアヌス宮殿（謁見室・中庭・宴会場）と学院・図書館．中央列の南西寄りに住居部分とキルクス・マクシムスを見下ろす湾曲した列柱廊．右側の列に競技場型のサンクン・ガーデンがある．

図 94 ディオクレティアヌスの宮殿復原図（スパラト，後295-305頃）

東西180m，南北215mの城壁内の南側に神殿・墓廟・バシリカを含む居住部分と海に面するロング・ギャラリー．北西に宮廷官吏の区画，北東に女官たちの区画があった．

図 95 ハドリアヌスのヴィッラの「テアトロ・マリッティモ」（ティーヴォリ，後118-125頃）

皇帝の瞑想の場とみなされてきた直径26mの異様な円形建物．周囲を幅4.8mの堀とイオニア式円柱40本を並べたトンネル型ヴォールトの歩廊が取り巻いている．実際には，宇宙と自然界を象徴し，占星術を行い，鳥類を飼育する秘教的な聖域であったらしい．

図96 ハドリアヌスのヴィッラの「カノプス」(ティーヴォリ，後134-138頃)
アーチと梁を交互に架けた列柱で13m×120mの池を囲み，柱間に彫像を並べ，軸線の端部にグロットを配置した庭園．後130年にエジプトで水死した寵臣アンティノウスを偲ぶモニュメントである．

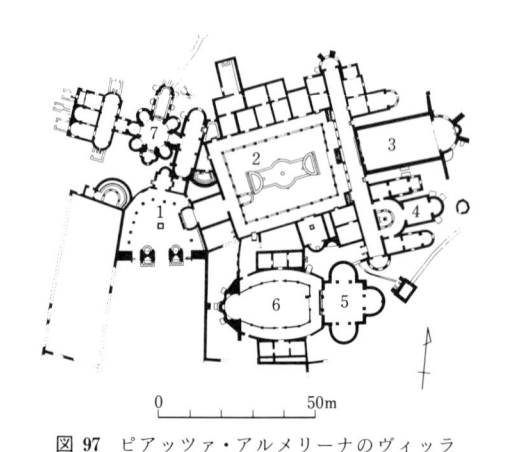

図97 ピアッツァ・アルメリーナのヴィッラ (シチリア，4世紀初期)
1：馬蹄形の中庭．2：ペリスタイル．3：謁見室．4：皇帝のアパートメント．5：食堂．6：楕円形の中庭．7：浴場．

建て増していったもので，多数の新しい建築形式が展開されている（図95・96）．また，シシリー島のピアッツァ・アルメリーナのマキシミアヌス帝のヴィッラ（図97）では，バロック的な曲線・曲面を多用した形態の室が連続し，ほとんどすべての床面が華麗なモザイク装飾で埋め尽くされている．

1.4.8 墓廟

墓地は市外に設けられ，ローマ市の場合は，市壁の近くか，アッピア街道その他の街道沿いに墓廟が並んでいた．土饅頭型の円墳のほかに，円筒形，家型，塔型，ピラミッド型，記念碑型など，多様な墓が建てられ，コロンバリウムというロッカー式の集合納骨所もあった．アウグストゥスの墓廟（前28起工）は直径87mの円塔の上に高さ44mの丘を築いたもので，カンプス・マルティウスに建造され，ハドリアヌス帝の墓廟（図98）は現在のカステル・サンタンジェロで，いずれも円筒型の主要部分の墓室内に一族の遺体も収容する形式になっていた．

図 98 ハドリアヌス廟復原図
　　（ローマ，後 130-139）
89 m 角，高さ 15 m の方形基壇の上に，列柱廊をめぐらした直径 64 m，高さ 21 m の円堂をおき，その上に丘を築いて糸スギを植え，頂部に戦車に騎乗する皇帝像を据えた．中世からルネサンス時代にかけて要塞に改造され，カステル・サンタンジェロと呼ばれるようになった．

1.4.9 初期キリスト教建築

　コンスタンティヌス大帝のキリスト教公認（後 313）以後，教会堂が建てられ始めたが，その際，ギリシア・ローマの宗教と直接関係をもたない形式としてバシリカ形式が採用され，以後，西欧キリスト教建築の基本形態となった（図 99）．帝政ローマの宮殿建築の広間を模した豪華なものもまれにはあったが（図 101），一般に材料は上質でも，装飾形式や外観は簡素で，荘重な宗教的な雰囲気が濃厚に示された（図 100）．

　ローマ帝国の東西分裂（後 395）以後，東ローマ帝国が発展したのに対し西ローマ帝国は衰退に向かったため，とくに装飾面では，東ローマ帝国の建築とそのモザイク装飾の影響が顕著になり，とくに 404 年以来西ローマ皇帝の居所となったラヴェンナの教会堂にその特色が典型的に示されている（図 102・103）．洗礼堂・殉教者記念堂・墓廟には，八角堂・円堂・ギリシア十字形のような集中形式の建物が用いられた（図 104）．洗礼堂には，当時の慣例に従い，全身を浸せる大きな水槽が設けられた．

図 99 旧サン・ピエトロ大聖堂復原図（ローマ，後 330-390 頃，1505-1608 破壊）
間口約 70 m，奥行約 120 m の五廊式バシリカ．聖ペテロの墓の上に建てられた殉教記念聖堂であり，敷地の都合で東側が正面となっている．西側に交差廊をつけた T 字形平面で，側廊部より天井が高い身廊部に高窓を設けて採光した．正面の前方にはアトリウム（列柱廊中庭）が設けられていた．現在のサン・ピエトロ大聖堂（図 253〜255）に改築されるまで，西欧最大の教会堂であった．

図 100 サンタ・サビーナ聖堂（ローマ，後 422-32 頃）
簡素で厳粛な宗教的雰囲気をつくり出している．舗装床，円柱，内陣，アプスは立派な材料で入念な細工が施されているが，外観はレンガ壁を露出した素朴な表現である．

図 101 サンタ・マリア・マッジョーレ聖堂（ローマ，後 432-440 頃）
聖母に奉献された最初の教会堂．17・18 世紀にバロック教会堂に改装されたが，内部は創建時の面影を比較的よく残している．

図 102　サンタポリナーレ・ヌォーヴォ聖堂内部（ラヴェンナ，後6世紀前期）
テオドリックの宮殿と26人の殉教者の行列を示すモザイク画．高窓の間には教父・予言者たち，その上にキリストの生涯を示すモザイク画がある．

図 103　サンタポリナーレ・イン・クラッセ聖堂外観（ラヴェンナ，530-49頃）
アトリウムは失われたが，本堂は古い形式をよく残している．高さ37.5mの円塔型の鐘塔は10世紀末の建造．鐘塔を独立して建てるのはイタリアの慣例である．

図 104　サンタ・コスタンツァ聖堂（ローマ，後337-54頃）
コンスタンティヌス大帝の長女コンスタンティーナの墓廟．環状にめぐらされた側廊のトンネル型ヴォールト天井に華麗なモザイク装飾が残っている．1256年以降教会堂に転用された．

2 西洋中世の建築

| 2.1 | ビザンティン建築 |

2.1.1 ビザンティン建築の構築技術

　コンスタンティノープル（イスタンブール）を首都とした東ローマ帝国（ビザンティン帝国）では，初期には西ローマ帝国と同様なバシリカ式教会堂を建てていた．しかし，木材・石材が乏しいオリエント地域にあったため，やがてレンガ造のドームを基本とし，ストゥッコ・モザイク・壁画による装飾を施した建築を発展させた．オリエントの建築で見たように，レンガ造のドームは木造型枠なしでもつくれるからである．とくに重要だったのは，正方形の広間にドームを架けるためのペンデンティヴ・ドームの発明で，これはローマ人やササン朝ペルシア人にも解決できなかった難題であった（図105・106）．

　ユスティニアヌス大帝（在位527-65）が，コンスタンティノープルの大聖堂として建造したアヤ・ソフィア（図107〜110）は，コンスタンティヌスのバシリカにパンテオンのドームを架けるという構想を実現したもので，ローマ建築の完成とみなすこともできる．アヤ・ソフィアでは，建物全体の規模に比べれば卵

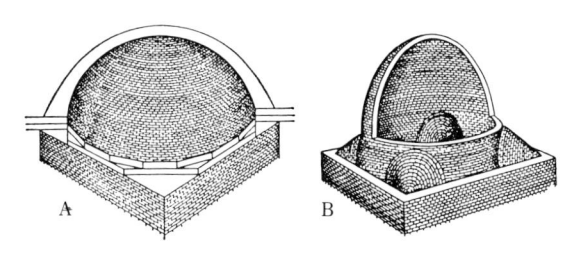

図 105　スキンチとトロンプ
A：スキンチによるドーム．B：トロンプによるドーム．大規模な建物になると，スキンチの板石の入手が困難になり，レンガ造ヴォールトの一種であるコーン形のトロンプを四隅に架け，それらをつなぐ円筒形の壁をつくってからドームを載せた．

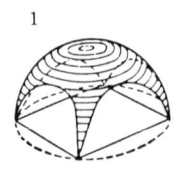

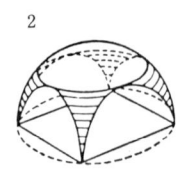

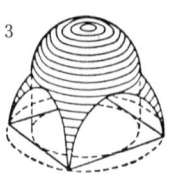

図 106　ペンデンティヴ・ドーム
1：第一種のドーム．正方形に外接して立つ半球形ドームから，球面の裾を四辺に沿って切り落とした形．2：第一種のドームの頂部を切り取った形．3：第二種のドーム．切り取った頂部に正方形に内接する半球形ドームを載せた形．四つの支点の上に立つ球面三角形部分をペンデンティヴと呼ぶ．

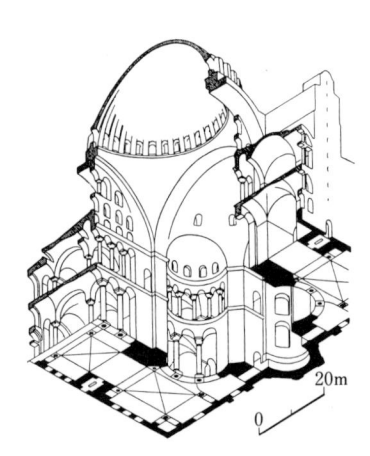

図 107　アヤ・ソフィアの構造図（イスタンブール，532-537，アンテミウスとイシドロス，558 以降ドーム改造）
創建時には第一種のドームであったが，558 年の地震でドームが崩壊し，第二種のドームの形式で再建された．

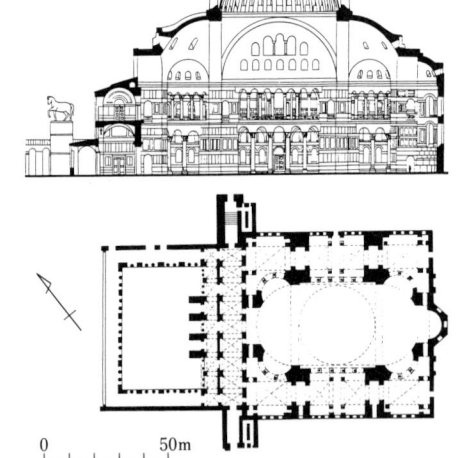

図 108　アヤ・ソフィア断面図・平面図
きわめて薄いドームと半ドームで，幅 32.6 m，長さ 80 m，高さ 55 m の大空間がカバーされているが，側面方向に弱点をもつ構造で，しばしばドームが崩壊し，補強を重ねた．

の殻のように薄いドームやヴォールトが架けられて，前例のない雄大壮麗な空間が包み込まれ，金を基調とする華麗なモザイクや各地から集めた貴重な石材で豊かに装飾された．またラヴェンナのサン・ヴィターレ聖堂（**図 111・112**）では，ドームにチューブ状の中空レンガをつないだものを用い，ドームの軽量化が計られている．

2.1 ビザンティン建築

図 109 アヤ・ソフィア内部（イスタンブール，532-537）
前後の半ドームの下部の両端にあるコンチと呼ばれる半円形アプス状の張り出し部分により，ふくらみのある雄大荘厳な内部が形づくられている．

図 110 アヤ・ソフィア外観（イスタンブール，532-537）
度重なるドーム崩壊で，バットレスの付加・補強が繰り返された．1453年のコンスタンティノープル陥落以後，モスクに転用され，16世紀に四本のミナレットが付加された．

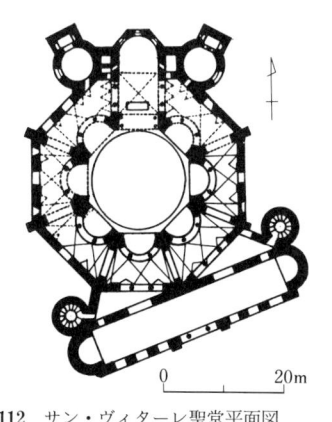

図 111 サン・ヴィターレ聖堂内部（ラヴェンナ，526-47頃）
直径17mのドームを中空レンガで軽量化し，コンチを周囲の二階建側廊部に張り出して，垂直性の強い豊かな空間をつくり出した．大理石とモザイクで華麗に装飾している．

図 112 サン・ヴィターレ聖堂平面図
アヤ・ソフィアと同様の手法で，中央の八角堂から周囲の側廊に向かってコンチを思い切り張り出し，いわば側廊を犠牲にして，ふくらみと柔らかさのある優雅な堂内を構成している．

2.1.2 ビザンティン建築の概観

アヤ・ソフィアは壮大華麗ではあったが，側面からの支持が弱い一種の欠陥建築で，たびたびドームの崩壊を引き起こし，修理・補強を重ねた．そのためか，その後は大規模なドーム建築の展開や発展がほとんど見られず，形式的に固定化された比較的小規模な聖堂建築がギリシア正教世界の各地に建てられていった．中期のビザンティン建築を代表するヴェネツィアのサン・マルコ大聖堂（図113～115）は，十字形平面の四つの腕にもペンデンティヴ・ドームを架け，内部が五つのほぼ同一の中規模のドーム空間に分割されている．

12世紀以降，ギリシア，バルカン半島諸国，ロシアで行われた後期ビザンティン建築では，中央ドーム塔の周辺に高いドラムをもつ四個から八個の小ドームを配置するようになり，垂直性を強めた外観に重点がおかれた．モスクワのクレムリン宮殿の聖堂群（図116）や赤の広場の聖バシリウス大聖堂（図117）はその好例である．また，モザイクよりも壁画による装飾に移り，とくに内陣祭壇の前に障壁聖画が中心となった．

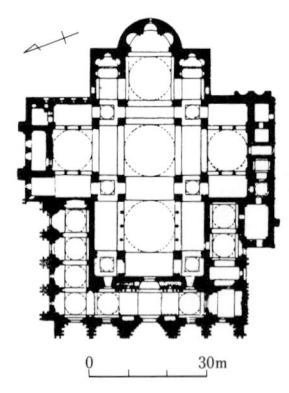

図113 サン・マルコ大聖堂平面図（ヴェネツィア，1063-90頃）
中央に直径12.8m，高さ29.5mの中央ドーム，前後左右にやや小さいドームを架けた十字形平面を基本とし，7m×8mの大角柱にはアーチ通路が貫通している．

図114 サン・マルコ大聖堂内部
五つのドームと太い角柱の間のトンネル型ヴォールト天井がなめらかに接続されている．700年をかけて金箔ガラス・モザイクで内部全面が装飾された．

2.1 ビザンティン建築

図 115 サン・マルコ大聖堂正面（ヴェネツィア，13-17 世紀）
玄関部分の装飾は 13 世紀，上層の破風壁は 15 世紀，モザイク装飾は 17 世紀．外観上の配慮から，ドームの上に木造鉛板張りの高いドームを重ねて，二重殻ドームにしてある．

図 116 クレムリンの受胎告知大聖堂（モスクワ，1484-89，1562-66 増築）
ロシアでは，教会堂の中央に高い採光ドラムを立て，タマネギ型のドームを載せることが好まれた．また，より小さいドームを四隅やその周囲に加えたりした．

図 117 聖バシリウス大聖堂（モスクワ，1555-61，17 世紀改装）
イワン雷帝（1533-84）が建造．中央の尖塔型本堂を八つの塔状礼拝堂が囲む形式で，創建時にはレンガ造にノロをかけただけの白い建物であったが，17 世紀にドームをタマネギ型にし，全体を多彩なタイル張りにした．

2.2　イスラム建築

2.2.1　イスラム建築の構築技術

　砂漠の遊牧民や隊商であったアラブ人は，天幕以外に固有の建築形式をもたなかった．モハメッドや初期の回教主たちも，礼拝堂の建築形式をとくに指定せず，占拠した建物を若干改造してモスクとして使用した．メッカの方向を示すニッチ（ミーラブ），長老がコーランを朗唱する階段状の説教壇（ミンバール），身を清める泉水を囲む中庭，信徒を呼集するための塔（ミナレット）を加えれば，どのような建物でもモスクとして使えた．パルテノンやアヤ・ソフィアもモスクに転用されていた．

　しかし，同一方向に向かって礼拝するイスラム教徒にとっては，キリスト教のバシリカに似た多数の柱を何列も並べた列柱ホール型モスクが最も便利であり，初期の新築モスクにはこの形式が好まれた．しかし，木材が乏しかったので，柱にはギリシャ・ローマの神殿の円柱を転用したり，レンガ造の柱や壁柱を用いた．やがてレンガ造を基本とする地域にふさわしく，次第にアーチとヴォールト天井を主要な構造要素とし，ビザンティン建築の技術を取り入れる方向に向かった．

　イスラム教では，人間や動物の図像表現が固く禁じられていたので，細かい連続的な植物文様と文字文様から成るアラベスク装飾，幾何学文装飾，アーチや持送りのような建築モチーフの装飾化が著しく発展し，モザイク・タイル・ストゥッコの技法を駆使して変化に富んだ多彩で豊かな装飾がつくり出された．

　とくにアーチの形式は多種多様で，円弧が半円より大きい馬蹄形アーチ，三心アーチ，二心および四心の尖りアーチ，反転曲線を用いた火炎形のオジー・アーチ，三葉・五葉・七葉の多葉形アーチのほか，それらを組み合わせたり，アーチを二色のゼブラ模様に色分けしたりした．尖りアーチ（図123）は，イスラム建築では8世紀から用いられていたが，西欧では11世紀末・12世紀初頭までまったく知られていなかった．また，スタラクタイト（鍾乳石装飾）と呼ばれる数十，数百の小さい持送りを組み合わせた特異な装飾で飾ったアーチやヴォールトや半ドーム（図128・129），リブを縦横に横断させたドーム，細かい幾何学模様

の組子に色ガラスをはめた格子窓などが用いられた．

2.2.2 イスラム建築の概観

初期の列柱ホール型モスクの代表作であるダマスクスの大モスク（図118・119）は，三廊式のバシリカ形式で中央に交差廊と小ドームがあり，キリスト教の教会堂やビザンティン建築からの影響が見られるが，コルドバの大モスク（図120・図121）では，四回にわたる拡張により，列柱ホール型モスクの特異な効果が極限まで追求された．サマラの大モスク（図122）は城塞型の列柱ホール型モスクで，ラセン状の上昇斜路を巻き付けた円塔形のミナレットをもち，砂漠にふさわしい城郭的な形態をつくり出している．

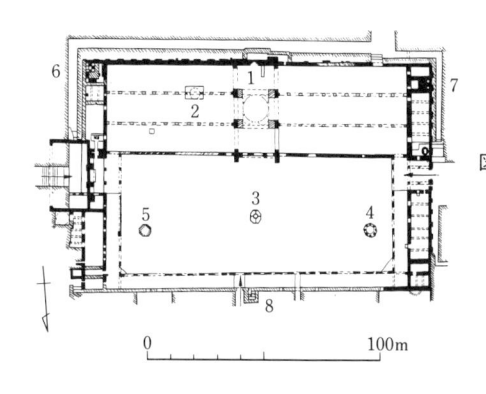

図118 ダマスクスの大モスク平面図
(707-15頃，1893以降修復)
ウマイヤ朝の首都にカリフのアル・ワリドが建造．東西158 m，南北約97 m．
1：ミーラブとミンバール．2：聖ヨハネの祠堂．3：泉水．4：宝蔵．5：時計塔．6：東ミナレット．7：西ミナレット．8：北ミナレット．

図119 ダマスクスの大モスク内部
横長の三廊式で，中央に交差廊があり，小ドーム（15世紀）が載る．コリント式円柱のアーケイドの上にトスカナ式円柱のアーケイドが載り，木材の梁を支えており，ローマ時代の初期キリスト教建築の影響が顕著である．

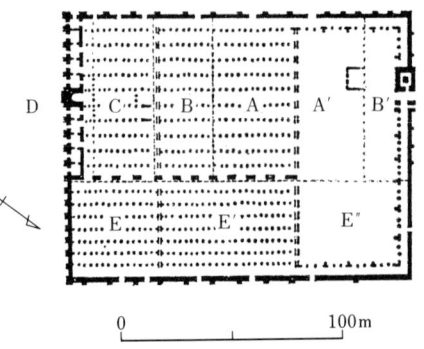

図 120 コルドバの大モスク平面図（785-1101）
西ウマイヤ朝のアブデル・ラーマン1世が、785-95年に AA′ の大きさで創建．以後、アブデル・ラーマン2世が B：832-47年，アブデル・ラーマン3世が B′：950-51年，アル・ハカム2世が CD：961-65年，アルマンスールが EE′E″：987-90年と増築を重ね、内部の広さ 128 m×175 m，円柱数 520 本に及んだ．

図 121 コルドバの大モスク内部
古代神殿から奪った円柱を並べ、柱頭の上に角柱を載せ、角柱間と角柱上に紅白ゼブラ模様のアーチを二重に架け、神秘的・幻想的な堂内をつくり上げている．

図 122 サマラの大モスク（846-52）
170 m×250 m．当時最大のモスクで、創建時には 464 本の柱が立っていた．ミナレットは 33 m 角の基壇の上に立つラセン状の斜路をもつ円塔で、高さ 53 m．

図 123 イブン・トゥールーンのモスクのアーケイド（カイロ，876-79頃）
ダマスクスから来た工匠が建造した列柱ホール型モスクで，レンガ造ストゥッコ仕上げの壁柱のアーケイドに，当時の西欧にはまだ見られなかった尖りアーチが用いられている．

11世紀頃から，中庭形式のマドラッサ（神学校）の形態にもとづき，中庭の四方にイワーン（吹き放ち広間）を開き，イワーンの奥の正方形の室にドームを架けるイラン型のモスクが発展し，やがてエジプトやインドにまで普及した（図124）．またドームの外観を強調するため，インド起源のタマネギ型のドームも採用されるようになった．

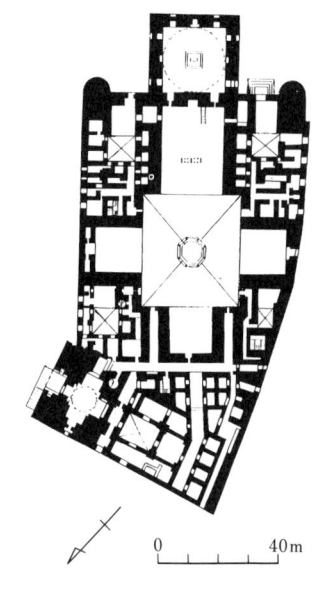

図 124 スルタン・ハッサンのモスク（カイロ，1356-63頃）
32 m×34.6 m の中庭の四方にイワーンを開いたイラン型モスク．南東側イワーンにミーラブとミンバール，その背後に直径20 m，高さ55 m のドームを架けたスルタン・ハッサンの墓廟がある．

しかし，1453年にコンスタンティノープルを占領したオスマン・トルコは，アヤ・ソフィアをモデルとした大規模なモスクを発展させ，スレイマン1世のモスク（1550-57）のように，マドラッサ，施療院，宿泊所，浴場まで含む壮大な複合施設をつくりあげた．また，華麗なタイル装飾で「ブルー・モスク」と呼ばれるアーメット1世のモスク（**図125**）では，中央ドームを四方から半ドームで支え，アヤ・ソフィアの構造的弱点を完全に是正した安定した形式を完成した．

イスラム建築は，モスクやマドラッサのほかに，グラナダのアルハンブラ宮殿（**図126～128**）やアグラのタージ・マハル（**図130**）のような優美華麗な宮殿や墓廟，またバザール（市場）やキャラバンサライ（隊商宿）のような興味深い実

図125 アーメット1世のモスク（ブルー・モスク）（イスタンブール，1609-17，メフメッド・アガ）
64m×72mの礼拝室に「象の脚」と呼ばれる直径5mの巨大な支柱4本を立て，直径23.5m，高さ43mのドームを四方から半ドームで支え，構造的に完全な解決に到達している．青と緑を主調とした最盛期のイズニック・タイルが内部一面に貼りつめられている．最も完成されたオスマン・トルコの大モスク．

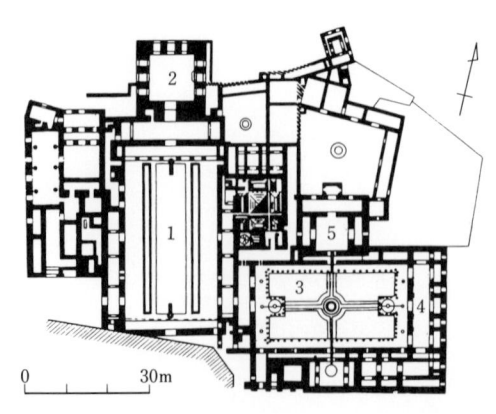

図126 アルハンブラ宮殿平面図（グラナダ，13-15世紀）
スペイン最後のイスラム王朝の王宮．1：ミルトの中庭（1340頃，細長い池がある）．2：大使の間（1340頃，謁見室）．3：獅子の中庭（1377頃）．4：諸王の間．5：二姉妹の間．

2.2 イスラム建築

図 127 アルハンブラ宮殿の獅子の中庭（1377頃）

28.5 m×15.7 m. 12頭の獅子が支える十二角形の噴水盤と十字形の水路があり，石膏製の華麗なスタラクタイト・アーケイドの回廊で囲まれている．強烈な陽光のもとでは，この中庭全体が黄金色に輝き，回廊内の噴水がおだやかな清涼感を与えてくれる．

図 128 アルハンブラ宮殿の「二姉妹の間」のスタラクタイト天井（1377頃）

無数のスタラクタイトが集積して，驚くべき華やかさをもつハチの巣状天井を形づくっている．スタラクタイト・アーケイドと同様に，木摺下地の石膏細工でつくられている．

図 129 マスジッド・イ・シャーのスタラクタイト装飾（イスファハン，1616頃）

スタラクタイトは，いわば一種の小さいペンデンティヴであり，基本的には持送りという構造的機能をもっている．しかし，スタラクタイトが多数集まると，その圧倒的な装飾的効果が構造的機能を忘れさせてしまう．

図 130 タージ・マハル（アグラ，1630-52）

ムガール王朝のシャー・ジャハンが亡妻のために建てた墓廟．56 m角，高さ61 mの白大理石造．内径17.7 mのドームはタマネギ型になっているが，二重殻ではない．その入念華麗な象眼と彫刻による装飾はほとんど比類するものがない．世界最美の建築のひとつ．

用建築の形式を生んだ．中東のイスラム地域では，イラン型のマドラッサやモスクの形態に類似したイワーンを開いた中庭式邸宅の形式が普及し，北アフリカのモロッコやスペインのアンダルーシア地方では，二層あるいは三層を吹き抜いた華麗な室内中庭をもつ邸宅建築や宮殿建築が建てられた．

2.3　ロマネスク建築

2.3.1　プレロマネスク建築

　西ローマ帝国の滅亡後，ヴァイキング，ノルマン人，イスラム，マジャール族などの侵入により，西欧建築は10世紀まで停滞状態にあった．時折，古代建築をモデルとした高い水準の小規模な建築が建てられたのみで，大規模な建築は主として修道院建築に限られ，それらはほとんど現存していない．このため，7-10世紀の建築をプレロマネスク建築と呼んで，11-13世紀のロマネスク建築と区別する．

　カール大帝（在位768-814）がアーヘンに建てた宮廷礼拝堂（図131）は，ラヴェンナのサン・ヴィターレ聖堂（図111・112）をモデルにした優れた例であるが，ロルシュ修道院の楼門（図132）やスペインのオヴィエードにあるサンタ・マリア・デ・ナランコ聖堂（図133）には，退化した古代建築の面影が残されている．

　修道院（図134・139）は，修道院聖堂を中心に，修道士の生活施設，修道院長館，賓客館，巡礼宿泊所，病院，工房，農奴小屋，家畜小屋，農場などを完備し，自給自足の独立した小社会を形づくっていた．修道院聖堂は，バシリカ形式を基本とし，玄関上部にも皇帝・国王の席と内陣を設けた二重内陣式が多く，玄関や交差部の上に大塔を立て，さらに上階に登るラセン階段のある円塔をいくつも備えていた．また，修道士および巡礼のために堂内に多数の祭壇を置き，西正面の両側に立つ円塔の上階にも祭壇を設けた．

　この時代には，主としてベネディクト会の修道士によるキリスト教の伝道と普及にともない，各地に土着の材料による小教会堂が建てられていた．イギリスのセント・ローレンス教会（図135）はその一例で，長方形の箱形の室を組み合わせただけのきわめて簡素な石造建物であった．

2.3 ロマネスク建築

図 131 アーヘンの宮廷礼拝堂（792-805）
明らかにサン・ヴィターレ聖堂（図 111・112）をモデルにしているが、コンチが側廊に張り出しておらず、硬い幾何学的な設計である．創建以後、何度も改修され、1353-1413 年にゴシック様式の内陣部が接続された．

図 132 ロルシュ修道院の楼門（ヘッペンハイム近郊，810 頃）
一階にコリント式半円柱，二階にコリント式ピラスターを用いているが，退化したローマ様式というほかはなく，壁面には三色の方形大理石板を張り付けてある．両側面に突出した階段室で二階の広間に上がれる．

図 133 サンタ・マリア・デ・ナランコ聖堂（オヴィエード近郊，848 頃）
横断アーチ付きのトンネル型ヴォールト天井をかけた 6 m×20 m の広間．もとは宮殿の建物であったにもかかわらず，オーダーその他の古典的装飾が著しい退化を示している．

2章　西洋中世の建築

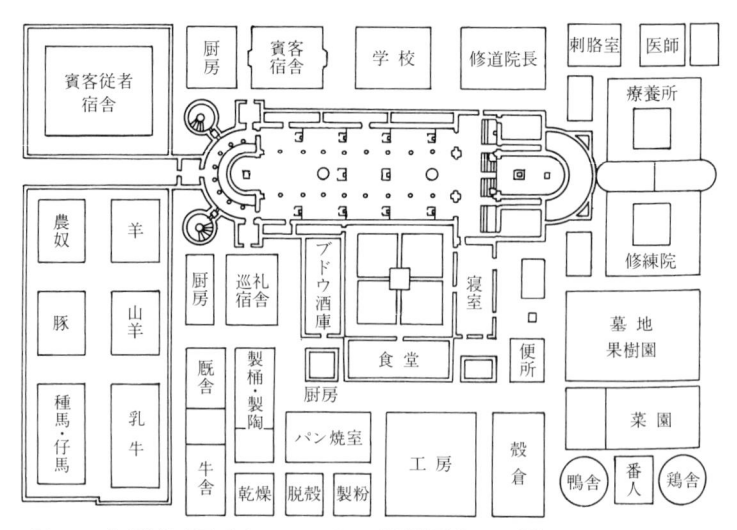

図134　修道院構成図（ザンクト・ガレン修道院所蔵，820頃）
二重内陣式の教会堂を中心に，修道士のためのあらゆる生活施設，賓客・巡礼の宿舎，学校，医院，老齢化した修道士の養護所，新米の修道士の修練所が設けられている．実在の修道院の設計図ではなく，必要な施設とそれらの配置の要領を図解したものと考えられる．

図135　セント・ローレンス教会堂（ブラッドフォード・オン・エイヴォン，972頃）
幅4.27m，長さ12.8mの堂の東に内陣部，南北にポーチを増築している．外壁には帯状の柱形，簡素な半円アーチ窓と半円アーチの盲アーケイドがつけられている．

2.3.2 ロマネスク建築の構築技術

11世紀から都市の発展が始まり，石造の教会堂建築も盛んに建てられ始めた．これらの建築は，各地に残されたローマ建築の遺構を模倣し，単純素朴な形態，厚い壁，太い柱，半円アーチの戸口や窓を共通の特色としている．しかし，材料の流通の不便，技術や労働力の低下のため，比較的小さい寸法の切石，時には細かい割石を用いたものが多く，形態や細部も多様で，きわめて地方色が強い．それゆえロマネスク様式とは，一定した形式ではなく，11世紀から13世紀にわたる多種多様な地方様式の集合とみなす方が適切である．

初期のロマネスク建築は，壁や柱のみが石造で，木造小屋組を露出するか，木造天井が張られており，落雷で火災を招くことが多かった．それゆえ，火災予防と教会堂の美化を目的として，1050年頃から石造のヴォールト天井を架ける試みが熱心に行われたが，型枠が必要な上，石の切り方が複雑で，建造は困難をきわめた（図136）．南西部フランスとスペインではトンネル型ヴォールト天井がよく用いられ（図137），時には，より安定性の高い尖りアーチ形のトンネル型ヴォールト天井が採用された．また南西部フランスではビザンティン風のドームを切石でつくったものが多く見られる（図141）．これらはそのまま構造的に完全な解決案となったので，それ以上の技術的展開は見られなかった．

ドイツでは早くから交差ヴォールト天井が採用されたが，交差ヴォールト天井の建造は，トンネル型ヴォールトやペンデンティヴ・ドームほど容易ではなく，しばしばヴォールトの崩壊事故を引き起こした．たとえば身廊や側廊の平面区画が長方形の場合には，短辺アーチの高さが長辺アーチの高さより低くなるので，

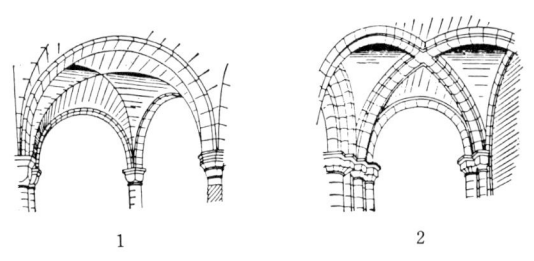

図136 ロマネスク建築の石造ヴォールト天井
1：交差トンネル型ヴォールト．2：リブ付き交差トンネル型ヴォールト．

図 137：サン・セルナン聖堂内部（トゥールーズ，1080-1270 頃）
身廊部には横断アーチをつけたトンネル型ヴォールト天井，側廊部二階にはトンネル型ヴォールト天井を半分に割ったものをかけて，身廊ヴォールトの推力を外壁に伝達している．

短辺アーチに脚を足して足高アーチにする必要があった．またヴォールトをより安定した形にするため，対角線に沿った楕円形の断面を半円形に直して高くしたり，多くの点でヴォールトの曲面を現場で調整する必要に迫られた．それゆえ，身廊や側廊の区画をなるべく正方形に近い形に整え，構造全体を幾何学的に整然とした体系に組み立て直そうとする努力が見られるようになった．

　北フランスとイギリスに定住したノルマン人は，身廊も側廊も区画単位をすべて正方形に近づけ，側廊区画の二個分を身廊区画の一個分に対応させ，太い柱と細い柱を強弱交互に配置するという幾何学的で合理的なシステムを確立し，さらにリブ付きの交差ヴォールト天井を初めて採用し，新しい構造とデザインの統一を達成した（図 147）．

　建物を高くしたり，重い石造ヴォールト天井を用いると，通例の壁や柱だけでは安定を欠くので，外壁につけた控壁（バットレス）や側廊屋根裏のアーチで補強することもあった．尖りアーチ，リブ，トレサリー，ステンドグラス，ゼブラ模様などは，ロマネスク時代にイスラム建築から導入された装飾的要素であったが，それらのなかで，交差ヴォールト天井の稜線を明確にするために採用されたリブと，アーチの高さを自由に調整するために採用された尖りアーチとの組合せが，のちのゴシック建築の発展につながることになった．

2.3.3 ロマネスク建築の概観

初期のロマネスク聖堂では，二重内陣式で多塔形式をとり，身廊に木造の平天井を張ったり，トンネル型ヴォールト天井を架けたものが多く建てられた．また，中世に盛んになったサンティアゴ・デ・コンポステーラへの巡礼路に沿って建てられた多くの修道院聖堂を代表するトゥールーズのサン・セルナン聖堂（図 **137・138**）は，巡礼聖堂にふさわしい各種の特色を完備している．

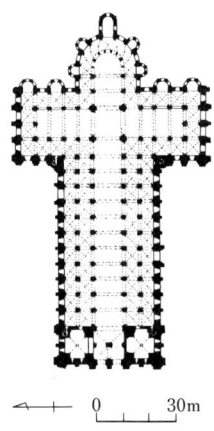

図 138 サン・セルナン聖堂平面図
半円形東端部にも放射状祭室をつくり，袖廊にも祭室を並べ，巡礼が修道士の祈禱を妨げることなく堂内を一周して聖遺物礼拝ができるように，二重側廊にしてある．十字交差部にはきわめて高い塔を立て，遠くから巡礼たちに見えるようにした．

図 139 第三教会堂時代のクリュニー修道院復原図（1089-1108 頃）
右手に見える第三教会堂は，放射状祭室，二重袖廊，交差部の大塔，西正面の双塔を完備し，尖りアーチのトンネル型ヴォールト天井や壮麗な内部装飾で，教会堂の模範とみなされた．

フランス中部のクリュニー修道会の第三教会堂（図139）では，袖廊も二重にして祭室を増やし，多数の塔を立てる賑やかな構成で，束ね柱や尖りアーチを用いて装飾を壮麗にし，西正面に双塔を立てたその堂々とした構成はのちのフランス・ゴシック建築の基本形態となった．他方，10世紀末に設立されたシトー修道会は，クリュニー修道会の豪華好みに反対し，ブルゴーニュのフォントネ修道院聖堂（図140）のように，西正面に目立つ塔を立てず，東端部も平坦に切り落として，外観を控えめにしたほか，壁画・彫刻・ステンドグラスの装飾も禁止していた．シトー修道会の建築様式は比較的辺境の地域に多く普及した．

西部のアングレーム大聖堂（1105-28頃）やペリグーのサン・フロン聖堂（図141）では，石造のペンデンティヴ・ドームが用いられた．また南部のル・ピュイ大聖堂（11-12世紀）や中部のヴェズレーのラ・マドレーヌ修道院聖堂（図142）では，イスラム系のゼブラ模様が装飾に用いられている．中西部ではポワティエのノートル・ダム・ラ・グランド聖堂（図143）のように，きわめて装飾

図140　フォントネ修道院聖堂（1139-47）
尖りアーチのトンネル型ヴォールトの横断アーチと角柱に張り付けた半円柱以外には，ほとんど装飾的要素がない禁欲的なシトー修道会の機能主義的な教会堂建築．

図141　サン・フロン聖堂（ペリグー，1120-73頃）
サン・マルコ大聖堂をモデルにしたギリシア十字形平面．同じようにペンデンティヴ・ドームをかけているが，レンガ造でなく，小さい切石を丹念に積んでいるところが違う．

図 142　ラ・マドレーヌ聖堂（ヴェズレー，1120-60頃）
交差ヴォールトを採用した最初の教会堂のひとつだが，リブがないのでヴォールトの稜線が目立たず，横断アーチのゼブラ模様のほうが人目をひく．二層構成で高窓が小さい．

図 143　ノートル・ダム・ラ・グランド聖堂（ポワティエ，12世紀）
丹念な石積み壁，二段の装飾アーケイド，素朴なロマネスク彫像，ウロコ状の石瓦で葺いた円錐屋根の鐘塔が特色．ビザンティン・イスラムの工芸品の影響が見られる．

的な西正面を特色とする教会堂が建てられた．

　北部のノルマンディーに定住したノルマン人は，カンのサンテチエンヌ聖堂（図 144〜146）とラ・トリニテ聖堂（1062-66）で，双塔式の正面と大小の正方形を整然と組み合わせた幾何学的平面と強弱交互組織の柱配置をもち，明らかに石造の交差ヴォールト天井を予定した教会堂を建て始めた．当初は木造天井を架けていたが，イギリス征服後の1096年頃，イングランド北部のダラム大聖堂（図 147）で西欧最初のリブ・ヴォールト天井を試みたのち，1120年頃に上記のカンの二聖堂にもリブ・ヴォールト天井を架けた．ノルマン人はイギリスに多数の城郭と修道院聖堂を建てたが，その様式は簡素剛健かつ強固で，単純な歯形装飾を特色としている．ダラム大聖堂やイーリ大聖堂（1083-13世紀初期），ロンドン塔のホワイト・タワー（1086-97）はその好例である．ノルマン人の建築はロマネスク建築のなかではきわめて明快で一貫した性格と特色を示しているため，イギリスのロマネスク建築をとくに「ノルマン建築」と呼んでいる．

図 144　サンテチエンヌ聖堂西正面（カン，1063-85 頃，尖塔部は 13 世紀）
水平線・垂直線を明確に整理した立面，両側廊に正確に対応させた双塔とそれらを支える強固なバットレスによって，フランスの双塔形式の完成を示し，ゴシック大聖堂正面の原型となった．内陣部をゴシック様式に改築するときに付加された尖塔部分はゴシック様式になっている．

図 145　サンテチエンヌ聖堂内部（カン，1063-85 頃，1120 年頃身廊部天井改造）
創建時は，側廊のみ石造の交差ヴォールト天井をかけ，身廊部は木造板張り天井であったが，12 世紀初頭に身廊部も石造の六分リブ・ヴォールト天井に改造した．身廊部の内部立面はほぼ同じ高さの三層で構成されている．

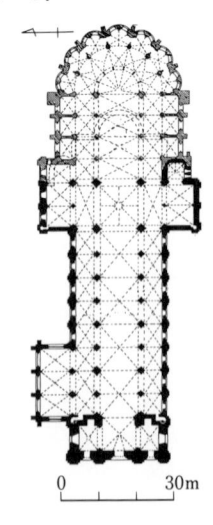

図 146　サンテチエンヌ聖堂平面図
正方形を基準とする整然とした強弱交互組織の柱配置をもち，明らかに最初から石造の交差ヴォールト天井を架ける意図で設計され，西端部の双塔形式も確立されている．東端部（上部）は 13 世紀になってゴシック様式に改造された．

2.3 ロマネスク建築

図147 ダラム大聖堂（1093-1220頃）
西欧最初のリブ・ヴォールト天井が，内陣部側廊に1096年頃，内陣部に1104年頃架けられた．身廊部では横断アーチが1ベイおきに省略されている．この横断アーチは側廊二階（トリビューン）の屋根裏にあるアーチに接続されて推力をバットレスに伝達しており，こうした屋根裏に隠されたアーチを外部に露出すればフライング・バットレス（飛梁）となる．

ドイツのライン河畔の教会堂建築は，二重内陣式と多塔形式を基本とし，軒蛇腹や蛇腹を小アーチを連続させたロンバルディア帯で飾った．シュパイヤー大聖堂（1030-1106頃）は初期の大作で，クリプト（地下墓室）にも長方形の交差ヴォールト天井を用いていた．またヴォルムス大聖堂（図148・149）はノルマン式の正方形区画を採用し，最も完成したドイツ・ロマネスク建築とみなされてい

図148 ヴォルムス大聖堂（1171-1240頃）
交差部と西内陣に八角塔，東西内陣の両側に円形の階段塔を立て，ロンバルド帯と小アーケイド・ギャラリーで飾っている．ドイツで二重内陣式が長く持続したのは，神聖ローマ帝国皇帝（ドイツ皇帝）が，世俗の支配者として，西玄関二階の内陣に皇帝用の座席を設けることを要求したからである．

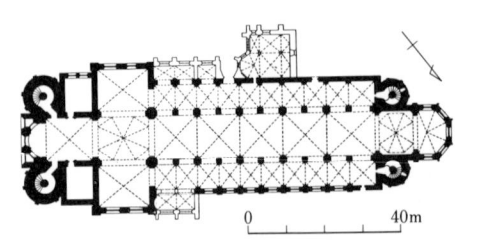

図 149 ヴォルムス大聖堂平面図
正方形を基準とした平面と強弱交互組織の柱列をもつ。しかし、二重内陣式のままで、東端部にも西端部にも入口がなく、出入口は南側廊と北側廊にある。図148と対応させるため、この図面は東端部を左側にしてある。

る。またケルンのザンクト・アポステルン聖堂（11世紀-1220）のように、東端部と袖廊を丸くした三葉形の内陣をもつ教会堂もよく建てられた。ドイツではロマネスク様式が長く持続し、13世紀になっても建てられていた。

イタリアでは、初期キリスト教時代の伝統が強く残り、バシリカ形式が基本であった。ミラノのサンタンブロージョ聖堂（図 150・151）はノルマン的な整然とした正方形区画の平面をもっているが、リブ・ヴォールト天井はレンガ造で低

図 150 サンタンブロージョ聖堂（ミラノ, 11世紀末-1180頃）
平面は正方形区画だが、ヴォールト天井は低い。構造上の弱点から横断アーチの根元がタイ・ロッド（つなぎ鉄棒）で補強されている。

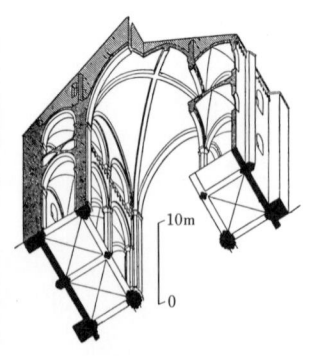

図 151 サンタンブロージョ聖堂構造図
堂内は低平で高窓がないため、きわめて暗い。交差リブ・ヴォールト天井はダラム大聖堂よりも遅く、1128年あるいは1170年頃のものとみなされる。

平であり，ヴェローナのサン・ゼーノ聖堂（1125-78）はドイツの影響を受けて垂直性が強い．トスカーナ地方のフィレンツェでは，サン・ミニアト聖堂（図152）やサン・ジョヴァンニ洗礼堂（11-13世紀）のような古代の様式をいくぶん復活した色大理石張りの建物が好まれた．ピサ大聖堂（図153）は，古代ローマ風の柱，ビザンティン風のモザイク，イスラム風の尖りアーチやゼブラ模様の壁や角柱，ロンバルディア風の小アーケイドを混合し，洗礼堂，鐘塔（斜塔）も類似の方式で華麗に飾られている．シチリアのモンレアーレ大聖堂（1174-89）も，ビザンティン風のモザイクやイスラム系の尖りアーチで装飾されている．

スペインでは，回教徒に占拠された地域をキリスト教徒が取り戻していくにつれ，フランス系のロマネスク建築が浸透していった．巡礼の目的地だったサンティアゴ・デ・コンポステーラ大聖堂の内部には，ロマネスク時代の聖堂（1075-1211）がそのまま残されている．しかし，北東部のカタロニア地方はイタリアのロンバルディア地方からの影響を強く受けていた．北欧では，ノルウェーのボルグンドの教会堂（図154）やウルネスの教会堂（1130-50頃）のような太い円柱と厚板を組み合わせた全木造のステイヴ・チャーチ（樽板教会堂）が建てられた．

図152 サン・ミニアト聖堂（フィレンツェ，1018-62）
初期キリスト教風の三廊式化粧屋根裏天井の建物で，大理石やモザイクで美しく装飾されている．総大理石張りの正面も古代の面影を呼び起こしている．

図 153 ピサ大聖堂（本堂は 1063-1272，洗礼堂は 1153-14 世紀，斜塔は 1173-1350 頃）
各建物が独立するイタリア風の配置を典型的に示している．華麗なアーケイド装飾は 13 世紀から 14 世紀にかけて付加された．鐘塔（斜塔）は，工事中に地盤の不同沈下のために傾いたが，そのまま工事を続行して完成したもの．

図 154 ボルグンドの教会堂（ノルウェー，1150頃）
柱，壁，屋根のすべてが木造で，円柱の間に厚い板を縦に並べてはめ込み，壁としている．中東，ロシアを経由してスカンディナヴィアに伝えられた東洋建築の影響が認められる点が興味深い．

2.4 ゴシック建築

2.4.1 ゴシック建築の発生

　ロマネスク建築が多様な地方様式の集合であったのに対し，ゴシック建築はその発生と普及の過程が明確なインターナショナルな様式である．1136年頃，パリ北郊のサン・ドニ修道院聖堂（**図155・156**）で，東端部を改造し，半円形の周歩廊に石造天井を架ける方法が検討され，台形や多角形の平面に立体幾何学的に明快な石造ヴォールト天井を架けるには，尖りアーチとリブヴォールトを組み合わせる必要があることが明らかにされた．この新しいヴォールト架構法は直ちにパリ周辺の大聖堂建築に採用された．

図155　サン・ドニ修道院聖堂東端部内部
　　　　（1136-44頃）
　二重になった周歩廊の一部．右に放射状祭室の5本リブのヴォールト，左に内側周歩廊の4本リブのヴォールトが見える．

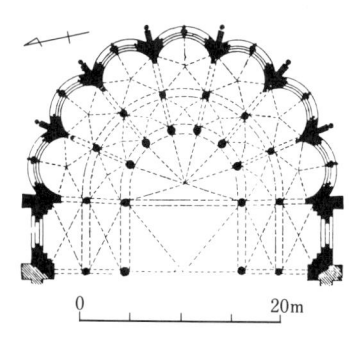

図156　サン・ドニ修道院聖堂東端部平面図
　五角形，台形，八角半円形に分割された各区画に，尖りアーチとリブを組み合わせた石造ヴォールトが架けられ，最初のゴシック建築が生まれた．

2.4.2 初期ゴシック建築の構築技術

　通例の半円アーチの高さはスパンの半分と決まっており，スパンの異なる半円アーチの高さを揃えることはできない．しかし，尖りアーチは，同じスパンに対してさまざまな高さにつくれるし，また異なるスパンに対しても同一の高さのアーチをつくることができる．さらに尖りアーチは半円アーチよりもスラスト（推力）が小さく，構造的により安定しているという利点があった．台形や多角形の平面にヴォールト天井を架けるには，まずその平面の重心の上方にヴォールトの頂点を定め，それぞれの角から垂直に上昇してこの頂点に達する円弧群が形づくる骨組を作図し，この骨組に膜面を張った形をヴォールトの形態とすればよい．
　これは，ヴォールト天井の稜線を明確にするためにリブをつけたロマネスク建築の考え方を逆にしたもので，リブをヴォールト天井を構成する基準線とみなす考え方である．しかし，リブはあくまでヴォールト設計のための基準線であり，リブがヴォールト天井を支えているわけではない．ゴシック建築におけるリブの主要目的は，天井面の区画を明確にし，支柱のシャフト（付け柱）との意匠的な連携と調和を保つことにあった．
　台形や多角形平面上のヴォールト天井が完全に幾何学的に設計できれば，ロマネスク時代の長方形平面上のヴォールトの問題点ももちろん容易に解決できる．これらの発見を基本として，意匠と構造を革命的に一新したのがゴシックの建築であった．ヴォールト天井のリブの線を壁面のシャフトの線と連続させることによって，教会堂の内部立面は，床面からヴォールトの頂部まで明確に区分されるようになり，以後はこの内部立面上の区画を構成の単位として意匠の統一を図るようになった．
　ロマネスク建築から受け継いだ正方形ユニットと強弱交互組織の柱配置にもとづく構成においては，身廊部の柱間二つ分が一単位となり，その区画に正方形のリブ・ヴォールトを架けると，中間の柱から上昇する線の収まりとしてヴォールトの中心を通る横断リブが意匠的に必要となる．この横断リブと交差リブによってヴォールト面は六部分に分割されるので，これを六分ヴォールトと呼んでいる．
　身廊の天井は高いので，建物を安定させるために側廊部分を二階建とし，その上に側廊屋根裏をおき，さらにその上に高窓層を設けると，身廊部の内部立面は，大アーケイド，トリビューン（側廊二階），トリフォリアム（側廊屋根裏），

高窓層から成る四層構成となる．また，ロマネスク時代には側廊屋根裏に隠されていたアーチを側廊屋根よりも高い位置に移して，空中にアーチを架けた飛梁（フライング・バットレス）とし，身廊ヴォールトのスラスト（推力）を高い位置で受け止めれば，身廊の天井をさらに高くすることができた．このように，強弱交互組織の柱，六分リブ・ヴォールト，四層構成を基本としたゴシック建築を初期ゴシック建築と呼ぶ．

初期ゴシック建築の発展は，12世紀中期にパリを中心とする北フランスで開始され，サンス（1140頃），ノワイヨン（1140頃），ラン（図157・158），パリ（図159・160）など，双塔形式の大聖堂が次々と起工された（図161）．

多数の小さな石材を並べたヴォールト天井面は，けっしてそれだけで安定するものではなく，その上面に小割石を混ぜた石灰コンクリートを厚く裏打ちして一体的に固め，天井面にひずみが起こらないようにして初めて安定する．つまり，ゴシックのヴォールト天井は厚い石灰コンクリート・シェルの下面に小さい板石

図 157 ラン大聖堂内部（1160-1230頃）
　四層構成，六分ヴォールトの初期ゴシックの代表作．側廊二階の丈が高いため，高窓層が小さい．東端部は初め半円形だったが，イギリスからの影響で1220年以降に角型に改造された．

図 158 ラン大聖堂正面
　彫りの深い堂々とした正面．双塔の上部は八角形平面の二階建となり，四辺に小塔が立つ．石材を丘の上まで運んだ牡牛の像が16体飾られている．

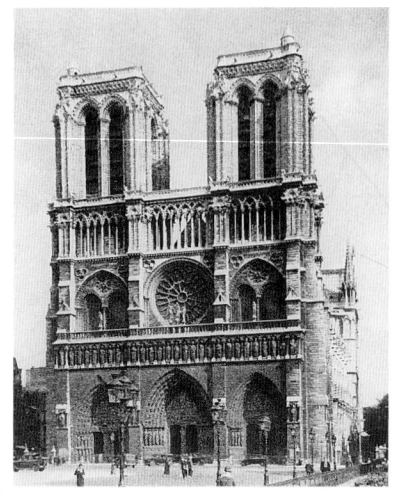

図 159 パリ大聖堂正面（1200-50 頃）
間口 50 m，高さ 69 m．縦横に整然と区画された正面．バラ窓，二連アーチ窓，双塔を結ぶ繊細なアーケイド，塔上部の高いアーチ窓が重苦しさを軽減している．

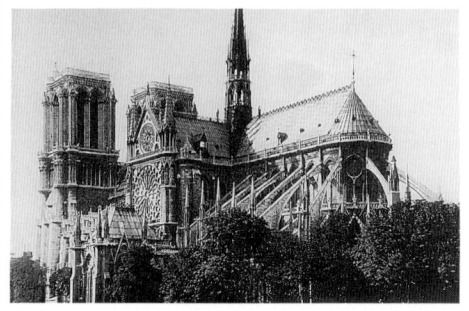

図 160 パリ大聖堂側面（1163-1250 頃，内陣部飛梁は 1296-1320 頃）
1230 年頃のトリフォリアム・高窓を一体化する改造のため複雑な形になった．スパン 15 m に及ぶ一連の大きな飛梁は内陣部祭室の増築のときに建造された．

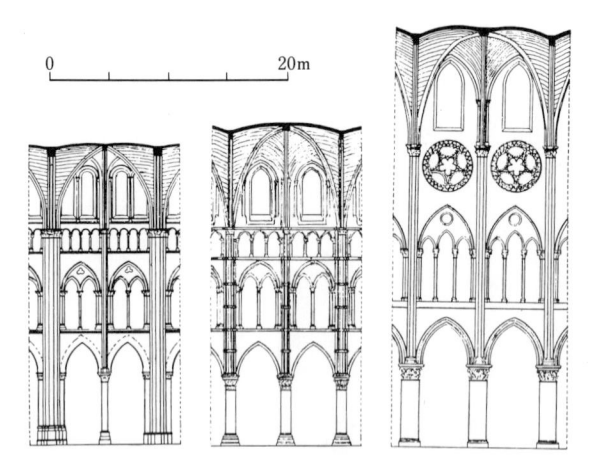

図 161 フランス初期ゴシック大聖堂の内部立面図
左からノワイヨン（1140-1228 頃），ラン（1160-1230 頃），パリ（1163-1200 頃）．初期には高窓にトレサリーがなかった．パリ大聖堂は，1230 年頃，トリフォリアムの丸窓を高窓と合体して，三層構成に改造された．

がタイルのように張り付いていると考えてよい．したがって，大規模なヴォールト天井全体は薄いところで数十cm，ヴォールトの四隅部分では厚さ3〜4mにも及ぶのが通例である．

また身廊と側廊を同じ高さにする広間式教会堂（ハレンキルヘ）がポワティエ大聖堂（1162-1200頃）で試みられたが，フランスではポワトー，アンジュー地方以外ではあまり行われず，広く採用されたのはドイツ・オーストリアであった（図184-186）．

2.4.3 盛期ゴシック建築の構築技術

初期ゴシックの基本形態が形づくられると，ゴシック建築は，13世紀の初頭から，より高い空間，より細い柱，より開放的な壁面，とくに面積の大きい高窓をつくり出したいという明確な意匠的理想を目指して急速に進展した．この目標は，北フランスのシャルトル（図162・163），ランス（図164）の二大聖堂を経

図162 シャルトル大聖堂外観（1194-1225頃）
正面下部は旧大聖堂のもので，1150年頃のロマネスク風．南塔上部は1170年，北塔上部は16世紀．南北の袖廊玄関（1250頃）は盛期ゴシックで，深い三連アーチの戸口をもつ．

図163 シャルトル大聖堂内部
三層構成・四分ヴォールトで，天井高35m．柱間いっぱいに開かれた窓には12-13世紀のステンドグラスがほぼ完全に残り，堂内はほの暗く神秘的である．

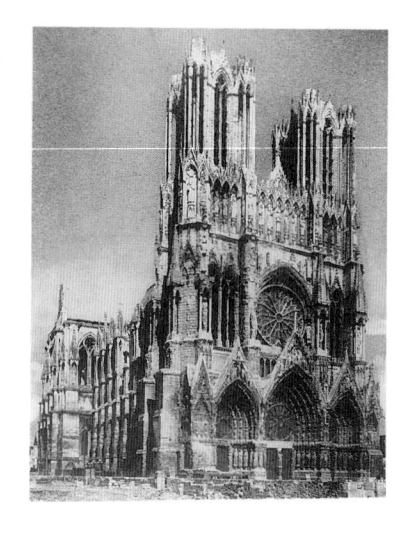

図 164 ランス大聖堂正面（1211-1475頃）
戴冠式聖堂だったので，2,000に及ぶ彫像や動物彫刻で装飾され，「ゴシックの女王」の異名がある．扉口や破風の彫刻は写実主義・自然主義に向かっている．

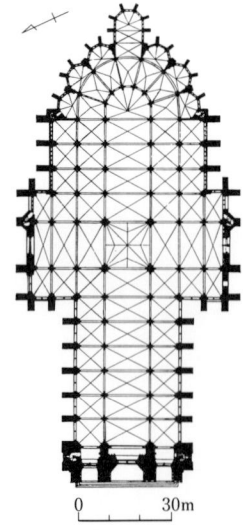

図 165 アミアン大聖堂平面図（1220-1410頃）
全長145m，全幅66m，7,700平方m．完成された美しい平面だが，はじめ正方形だった塔の奥行を半分にする設計変更のため，正面の双塔が薄い衝立状になってしまった．東端部中央の突出部分は聖母礼拝堂である．

図 166 アミアン大聖堂内部
細長い短冊形の立面区画の垂直部材と，水平方向の柱頭の列や花綱飾りなどがみごとに均衡している．

図 167　アミアン大聖堂内陣部天井
長方形平面の四分リブ・ヴォールトと，東端部の天井を形づくる7個の三角形ヴォールトの構成がよくわかる．

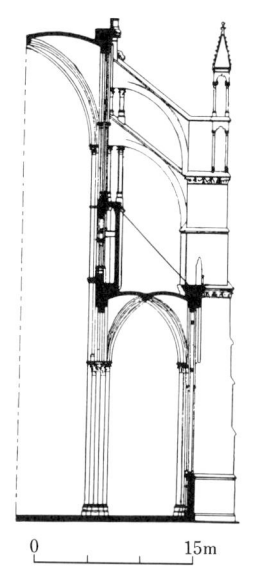

図 168　アミアン大聖堂断面図
身廊部スパン14.6 m，高さ43.2 m．大きく重いバットレスと二重に架けられた飛梁が，強風時の風圧とヴォールトの推力に対抗している．

て，アミアン大聖堂（図165～168）でほぼ完全に達成された．これらの大聖堂では，身廊の内部立面が柱間二つ分を一単位とする強弱交互組織から完全に離脱して，柱間ひとつ分を細長い短冊形の一単位として設計されており，意匠的に垂直性が著しく強められた．これに伴って，正方形の六分ヴォールトに代わって長方形の四分ヴォールトが用いられた．ヴォールト天井のリブの断面は，初期には半円形に近い単純なものであったが，盛期には大きく突出し，中央部に細く鋭い線をつけ，その両側に柔らかいふくらみをもたせるようになった．

　身廊ヴォールト天井の推力を吸収し，また高い建物に働く大きな風圧力に対抗するために飛梁を活用すれば，確実に建物全体の構造的安定が得られることがわかったので，側廊二階のトリビューンを取り除いて側廊を一階建とし，大アーケイド，トリフォリアム，高窓層の三層構成とした．これによって，大アーケイドの柱を高くすると同時に高窓層を拡大することが可能になり，さらに身廊天井を

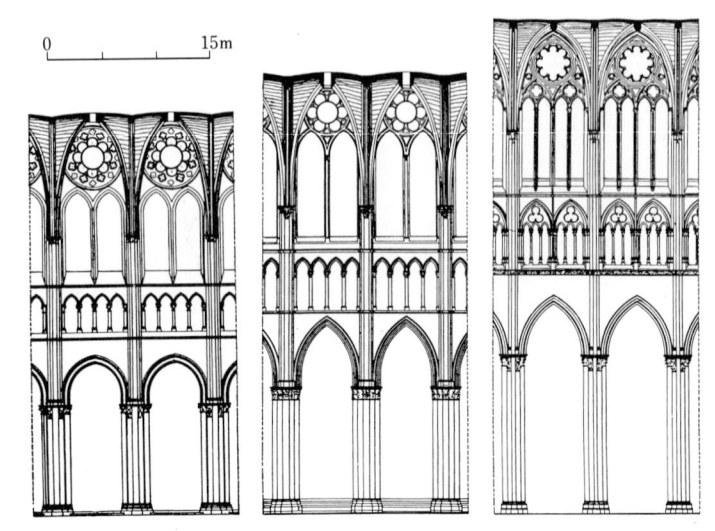

図 169　フランス盛期ゴシック大聖堂の内部立面図
左から，シャルトル（1194-1225頃），ランス（1211-1475頃），アミアン（1220-1410頃）．天井高の増大とともに大アーケイドの層が高くなり，アミアンでは総高のほぼ半分に達し，横断アーチや交差リブの起点も高くなる．高窓層の壁面が次第に消失して骨組だけとなり，トリフォリアムの形態も洗練されていく．

より高くすることができた．初期ゴシックのノワイヨン大聖堂で23.5 m，ランで25 m，パリでは32.5 mであった身廊ヴォールト天井の高さは，盛期ゴシックのシャルトルで35 m，ランスで37.5 m，アミアンで43.2 m，ボーヴェー大聖堂（1247-72）では49 mに達した（**図161・169**）．

また高窓は，はじめは高窓層の壁の中央部をくりぬいてつくられていたが，やがて高窓層の壁をすべて細い石の骨組に分割していき，ついに壁面がまったく消失して，骨組だけになった．このようにつくられたトレサリー（窓組子）にはすべてステンドグラスがはめ込まれた．現存の遺構はシャルトル大聖堂を除き創建時のステンドグラスを失っているものが多いが，中世のステンドグラスは後代のものに較べて色彩が濃厚で，堂内はきわめて薄暗く，より神秘的であった．

高い双塔を立てた西正面は，神の家の入口として，尖りアーチの戸口，円形のバラ窓，アーケイド，トレサリー，多数の彫像などで整然と飾られた．しかし，正面以外の外部には構造システムがそのまま露出され，身廊上部を支える飛梁が

側廊の屋根の上に浮かび，急傾斜の大屋根，交差部の尖塔，バットレス上の多数の小尖塔が天空に向かって突出して，凹凸や重なりの激しい騒然とした姿となった．大聖堂は，中世の町のなかでひときわ高くそびえ，旅人も遠方から容易に町の位置を知ることができた．

2.4.4 レイヨナン式ゴシックとフランボワイヤン式ゴシック

フランスでは早くも1230年頃から，過熱化した大聖堂の巨大化競争に対する反動が起こり，比較的小規模な建物に技巧をこらし，トレサリーの骨組を極度に細くし，入念で華麗な装飾を施す傾向が顕著になり，そのため補強材として鉄材をひんぱんに使用するようになった．これらを「レイヨナン式」と呼んでいる．

パリの宮廷礼拝堂サント・シャペル（図170）は，建物は腰壁と大きな高窓層だけの単廊式の二層構成となり，内部には柱が立たず，柱も天井も極彩色されて，ほとんど重量感のないガラスの箱と化している．トロワのサンテュルバン聖堂（1262-1389）もトリフォリアムを除去した二層構成で，外壁には尖った破風

図170　サント・シャペル内部（パリ，1245-48）
下階の廷臣用礼拝堂の上階にある．ガラス張りの箱となった高さ15 mの石の骨組は，外部に2 m以上も突出したバットレスやヴォールトの上面の鉄材で支えられている．

図171　アルビ大聖堂（1282-1385）
反乱や暴動に備え，防備拠点として建てられたレンガ造の要塞教会堂．外壁の裾を張り出し，屋上から落とした石を跳ね飛ばすようにしてある．

や小尖塔が賑やかに立ち並んでいる．この時期に，パリ大聖堂では，直径13mの美しいバラ窓を持つ東西袖廊玄関（1245-50，**図160**）がつくられた．また広間式教会堂に類似したタイプとして，二層構成・二廊式のトゥールーズのジャコバン聖堂（1285-1385）が建てられた．また，城砦を兼ねたレンガ造のアルビ大聖堂（**図171・172**）では，バットレスを外壁の内側に入れて祭室の列をつくり，二層構成の堂内には独立柱はまったく立っていない．

黒死病（1348）やイギリスとの百年戦争（1377-1444）による建築の衰退にもかかわらず，イギリスの装飾式ゴシックに刺激されて，14世紀後期から北フランスでは「フランボワイヤン式（火炎式）」と呼ばれる反転曲線を用いる後期ゴシック様式が流行し，ルーアンのサン・マクルー聖堂（**図173**）やヴァンドームのラ・トリニテ聖堂（1499-1507）に見られるような針金細工のように細い骨組のトレサリーがつくられた．このような細い石材の骨組にはもちろん鉄材を貫通させて補強する必要があった．

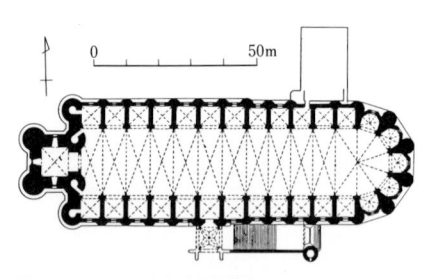

図172 アルビ大聖堂平面図
バットレスは堂内に突出し，祭室とトリビューンを形づくり，柱のないスパン19mの広い堂内をつくり出している．西正面の角塔は城郭の天守に相当するもので戸口がなく，高い階段を登って南側中央の戸口から出入した．この南側戸口には1519-35年にフランボワイヤン式の華麗なポーチがつくられた．

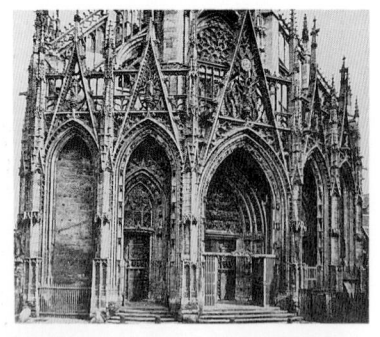

図173 サン・マクルー聖堂（ルーアン，1436-1521）
極限まで細くした石造部材，彫金細工のように精巧な彫刻装飾を特色とする．こうした骨組は錬鉄棒による補強を必要とした．

2.4.5 イギリスのゴシック建築

イギリスでは，フランスの工匠サンスのウィリアムがカンタベリー大聖堂の東端部（1174-84）を盛期ゴシック様式で建て，以後，この様式がチチェスター，ウィンチェスターの大聖堂の一部で採用されたのち，ソールズベリ大聖堂（図174〜176），ウェルズ大聖堂（1180-1363），リンカン大聖堂（1192-1280）などでイギリス独特の形式を完成した．すなわち，これらの大聖堂は身廊部が比較的長大で水平性が強く，東端部がフランスの大聖堂のように半円形でなく直角に切られ，西正面には装飾的な障壁を設け，また修道院起源のものが多かったため，しばしばクロイスター（回廊）と八角形あるいは十角形の参事会員堂を備えていた．こうしたイギリス独自の様式を「初期イギリス式ゴシック」と呼んでいる．

13世紀後期から「装飾式ゴシック」の段階に移り，アーチやトレサリーに反転曲線が現れ，複雑な壁面装飾，多彩な材料の使用のほか，ヴォールト天井のリブを増やして複雑化したり，奇抜な趣向や思いがけない効果を狙った造形が見られるようになった．リンカン大聖堂のエンジェル・クワイア（図177），エクセター大聖堂の多数の枝リブをもつ身廊部ヴォールト天井（図178），イーリ大聖

図 174 ソールズベリ大聖堂外観（1220-65）
交差部の高塔（123 m）も初期イギリス式の特色．身廊が低いので，創建時には飛梁がまったくなく，現在見られる少数の飛梁は後世の補強である．

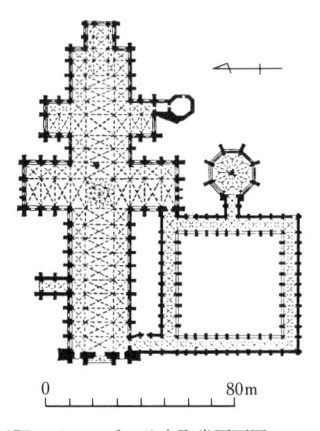

図 175 ソールズベリ大聖堂平面図
クロイスター付属の八角形の参事会堂（1263-84）は，中央の円柱の周囲にリブ・ヴォールト天井を架けてあり，ファン・ヴォールト（図181）の起源となった．

堂の交差部の木造八角塔「オクタゴン」(1322-42)，ウェルズ大聖堂の交差部のX形アーチ（図179）などがその好例である．

　14世紀中期からは，一転してトレサリーを細い垂直水平の骨組で格子状に分割する「垂直式ゴシック」の段階に移った．またヴォールト天井は，装飾式のリブを受け継ぎ，さらにリブの数を増やした網目状の天井面が考案された．グロスター大聖堂の内陣部のガラス張りの障壁やトンネル状の網目ヴォールト天井（図180）はその好例である．また八角形あるいは十角形平面の参事会堂のヴォールト天井からラッパ状のファン・ヴォールト（扇状ヴォールト天井）が開発され，グロスター大聖堂のクロイスター（1351-77），ケンブリッジのキングズ・カレッジ礼拝堂（図181），ウェストミンスター・アベイのヘンリー7世礼拝堂（1503-12）に適用された．これらのファン・ヴォールト天井は，中世の石造建築技術の極致といってよい巧妙さと精密さに到達している．

図176　ソールズベリ大聖堂内部
身廊スパンが11 m，天井高が25 mにすぎず，シャフトがトリフォリアムで中断され，堂内立面が強い水平線で分割されているので，長大なトンネルのような印象を与える．

図177　リンカン大聖堂のエンジェル・クワイア (1256-80)
柱頭やシャフトや小円柱に黒大理石を用い，大アーケイドのスパンドレルに三葉形の浮彫，トリフォリアムのスパンドレルに楽器を奏する天使の像を浮彫している．

図 178 エクシター大聖堂内部（1280-1350）
天井の装飾的リブをあまりに増やしたため，柱の上に収めきれず，末端を溶かし合わせたような状態にしてまとめている．

図 179 ウェルズ大聖堂交差部アーチ（1338-40頃）
大聖堂全体は 1180-1345 年の建造．交差部の低い角塔に 1315-26 年にさらに一層を加えたところ，支柱が亀裂変形を起こしたので，このように奇抜な方法で補強をした．

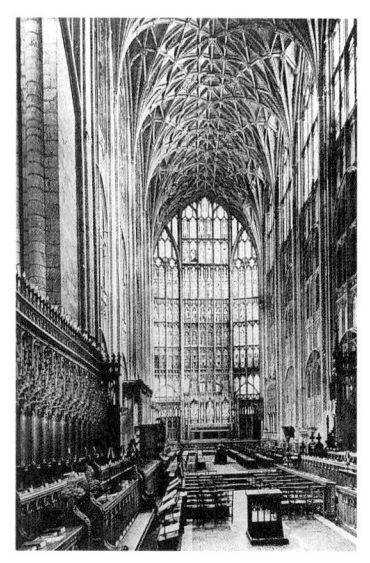

図 180 グロスター大聖堂内陣部（1337-57頃）
ヴォールト天井に網の目のようにリブを張りめぐらし，側壁は高窓の垂直式トレサリーを床面まで延長した．東端部は幅 11.6 m，高さ 22 m のガラスの障壁と化している．

図 181 キングズ・カレッジ礼拝堂（ケンブリッジ，1446-1515）
初めはグロスター大聖堂内陣のような天井の予定だったが，1480 年頃，ファン・ヴォールト天井に設計変更した．1515-31 年のステンドグラスが完全に保存されている．

2.4.6 ドイツ・オーストリアのゴシック建築

　ドイツではロマネスク建築が長く行われ，1200年頃からようやくフランス・ゴシックが輸入され始めたが，マールブルクのザンクト・エリーザベト聖堂 (1236-57) のような三葉形の内陣をもつ広間式教会堂の形式が広く好まれた．石材に乏しい地方では彩色されたレンガ造ゴシックの広間式教会堂が建てられた (図184)．またアミアン大聖堂をモデルとしたケルン大聖堂 (図182) は内陣だけで工事が中絶し，ストラスブール大聖堂の正面 (1277-1439) も北塔だけしかつくれなかったこともあって，ウルム大聖堂 (図183) のように，西正面にひとつだけ塔を立てる単塔形式が一般的となった．

　鋭い金属的な稜線をもつ骨組の仕上げもドイツ・ゴシックの目立った特色で，また15世紀には，石材の骨組を鉄材の貫材で補強し，石の透かし細工と呼んで

図182　ケルン大聖堂 (1248-1880)
　1320年献堂の内陣部以外は未完のまま1560年に工事が中絶した．19世紀のゴシック・リバイバルの機運に乗り，1842-80年にようやく完工した．双塔の高さは157mある．

図183　ウルム大聖堂 (1377-1890)
　広間式で単塔形式．1493年に塔の第三層にき裂を生じ，1543年に工事を中絶した．透かし細工の塔上部は15世紀のデザインで1844-90年に完成．塔の高さ161mはゴシック最高．

よい精妙をきわめた尖塔が多数建てられた．イギリスの装飾式ゴシックの影響を受けてヴォールト天井のリブの装飾化も著しく発達し，アンナベルクのアンネンキルヘ（図185）では，リブが曲線を描いているばかりでなく，柱の近くで空中に浮んでから柱に収まるという驚くべき技巧が見られる．ウィーンの大聖堂シュテファンスドーム（図186）は広間式に近い天井の構成をもち，三つの廊を一気にカバーする大屋根を架け，南袖廊上に巨塔（1433完成）を建てが，北塔は未完に終わったため，他に比類のない特異な外観をもつに至った．

図184　ザンクト・マルティン聖堂（ランツフート，1387-1500頃）
石材に乏しい地方に建てられたレンガ造の広間式教区教会堂．直径90cm，高さ22mの八角柱で，幅29m，奥行77m，天井高28mの広間をつくり出している．

図185　アンネンキルヘ（アンナベルク・ブッフホルツ，1499-1525）
広間式教会堂．柱頭のない八角柱の上端の異なった高さからスタートするリブは，ねじれたり交錯したりしながら美しい曲線のパターンをつくり出している．

図 186　シュテファンスドーム（ウィーン，1304-1511）
スパン 11 m，高さ 28.5 m の身廊，スパン 9 m，高さ 22 m の南北側廊の上に幅 34 m，高さ 37 m の巨大な屋根が載り，総高 60 m．巨大で壮麗な南塔の高さは 136 m．

2.4.7　スペインのゴシック建築

　13世紀初期から中期にかけて，ブルゴス（1222-1568），トレド（1227起工），レオン（1255起工）の大聖堂に，主としてドイツ人工匠によって北フランスのゴシック様式が導入された．ゴシック時代のスペインはきわめて富裕であったので，一般に教会堂の規模が大きく，とくに聖職者用の内陣部の面積が大きくとられていることが特色である．またスペイン人は濃厚な装飾を好み，イスラム風を交えた装飾が豊かに施された．

　しかし，最もスペイン的なゴシック様式を生んだのはカタロニア地方で，南フランスの様式を基本とし，バットレスを建物の外でなく堂内に突出させ，身廊・側廊のスパンや高さを拡大した教会堂が建てられた．バルセロナ大聖堂（1298-1889）は，柱間が大きく，大アーケイドも側廊天井もきわめて高い．単廊式のヘロナ大聖堂（図 187）は 22.3 m というゴシック建築最大のスパンを達成している．またイスラム時代の大モスクを改造したセヴィリア大聖堂（図 188）は，モスクの基礎をそのまま利用し，ゴシックの教会堂では最大の建築面積をもつ特異な建築となった．15世紀末から16世紀前期には，教会堂の正面がまるで祭壇のように一面に浮彫で飾られることもあった（図 189）．

2.4 ゴシック建築

図 187 ヘロナ大聖堂 (1312-1604)
 単純雄大な単廊式で，スパンはゴシック建築で最大の 22.3 m，天井高は 34 m ある．しかし，最初に建てられた内陣部分は北フランス型の三廊式で，高窓層がきわめて小さい．

図 189 サン・パブロ聖堂（ヴァリアドリ，1486-92 頃）
 イスラムの影響で，過剰な表面装飾がスペイン建築の特色のひとつになった．さまざまな形態の装飾的アーチが用いられている．

図 188 セヴィリア大聖堂 (1402-1519)
 間口 76 m，奥行 131 m の五廊式．屋根を架けず，ヴォールト天井上面が露出されている．「ヒラルダ」と呼ばれる鐘塔はモスク時代のミナレット (1184-98) を改造したもの．

2.4.8 イタリアのゴシック建築

古代的伝統の根強いイタリアでは，ゴシックに対する共感が薄く，禁欲的なシトー修道会やフランチェスコ修道会の影響が強かったため，バシリカ形式に尖りアーチを採用した程度の簡素なレンガ造の聖堂が多い．初期のゴシックで独創的なのはアッシジのサン・フランチェスコ聖堂（図190）であるが，華やかな壁画装飾を除いた堂内の構成は単純をきわめている．フィレンツェのサンタ・マリア・ノヴェッラ聖堂（1246-1360）や大聖堂（1296-1887）も，フランスの原型とは著しく異なってはいるが最もイタリアらしいゴシック聖堂に数えられている．フィレンツェのサンタ・クローチェ聖堂（1294-1443）ではヴォールト天井さえ架けられておらず，木造の小屋組が露出されている．

シエナ大聖堂正面（図191）とオルヴィエート大聖堂正面（図192）は多色大理石とモザイクで装飾され，最も美麗なゴシックの正面として知られている．アルプス以北のゴシックの影響が最も顕著なのはミラノ大聖堂（図193）で，総白

図 190 サン・フランチェスコ聖堂（アッシジ，1228-1487）
上下二階に重ねられた教会堂のうちの上の教会堂．単廊式で，堂内は低平であり，壁は厚く，窓も小さい．高い腰壁を含めた壁面は壁画で飾られ，天井やリブやシャフトも華やかに彩色されている．

図 191 シエナ大聖堂（1284-1382）
内外ともにゼブラ模様の大理石張りで一貫し，平らに切られた東端部，六角形の交差部とドーム，堂内に組み込んだ鐘塔を特色とする．多色大理石とモザイクで装飾された西正面はイタリア最美といわれる．

色大理石張りの画期的な大作であり,事実,フランスやドイツの工匠が設計段階から直接関係していた.

図 192 オルヴィエート大聖堂正面 (1310-30)
ほとんど内部と関連のない衝立のような正面であるが,色あざやかなモザイクと精妙な彫刻で美しく飾られている.内部 (1290-1330) は半円アーチのアーケイド,むき出しの木造トラスの小屋組で,初期キリスト教のバシリカに近い.しかし,柱とアーチは二色の石でゼブラ模様になっており,堂内の装飾も独自の美しさをもっている.

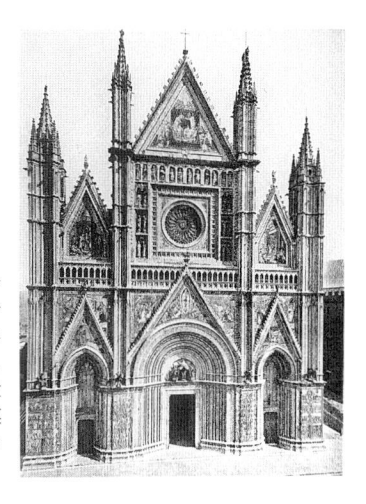

図 193 ミラノ大聖堂 (1386-1813)
五廊式,87 m×148 m,天井高 45 m.側廊を高くし飛梁を目立たせないようにしたが,高窓が小さいため,堂内はきわめて暗い.西正面と外壁上部はナポレオンの命により 1805-13 年に完成.

2.4.9 世俗建築・軍事建築の概観

都市の発展と繁栄に伴って，市庁舎（図 194），裁判所，商人組合と職人組合の会館などの世俗建築が建てられた．ヴェネツィアの総督宮（図 195）は東方の影響を濃厚に受けた特異な例である．また，法王，大司教，貴族，大商人・銀行家の邸宅（図 196・197）もかなり大規模になった．国王や封建領主の居館も，治安の安定に伴って，防備本位の城郭から美しさや居住性を重んじた宮殿建築へと変化していき，外に向かって大きく開かれた窓や列柱廊，装飾を施した広間が設けられるようになった．

中世の都市の多くは，大聖堂，市庁舎，マーケットホールなどの前面広場を中心に自然発生的に町屋が建て並べられていったため，狭い道路が不規則に屈曲していた．敷地は間口が狭く奥行の長い短冊形になり，道路に面して中庭式の住宅が建てられ，その背後に庭園や菜園が設けられた．こうした町が防衛のために頑丈な市壁で囲まれると，敷地面積の制約から町屋が高層化して数階建の高さとなり，北方の都市では街路に面して破風壁が並ぶという光景が見られた．

木材が比較的豊かだったイギリス，北フランス，北ドイツでは，ハーフチンバーと呼ばれる木骨真壁造の町屋が一般的で，室内面積を増やすため，しばしば上階が下階よりも前方に突出していた．西欧の木造建築が日本の木造建築と大きく異なる点は，ヒノキ・スギのような針葉樹の軟木を用いず，ナラ・カシのような広葉樹の硬木を一貫して用いることである．木材に乏しい地域では石造・レンガ造の住宅が建てられたが，艦船の建造や燃料としての消費で木材が急速に欠乏してゆくにつれ，木造地域の上級住宅も次第にレンガ造・石造に変わっていった．しかし，針葉樹林の豊かなスカンディナヴィア諸国やロシアでは，今世紀に至るまで軟木による木造建築が主流であった．

11 世紀までの西欧の城郭は，空濠（からぼり）で囲まれた丘を築いて木造の天守を建て，周囲に丸太を地面に打ちこんで防柵とした粗末なものにすぎなかった．

1096-99 年の第一次十字軍遠征の結果，西欧の騎士たちは古代東方およびイスラムの防備施設から多くのものを学び，占領地に多数の石造の「十字軍の城」を築いた．これに伴って西欧の城郭建築も急速に発展を遂げ，石造の天守を囲んだ内郭の城壁をさらに外郭の城壁や堀で囲んだ「集中式城郭」が建造されるようになった（図 198）．

2.4 ゴシック建築

図 194 シエナ市庁舎 (1298-1348)
ローマ劇場の遺跡を利用した広場に面して建てられ，下部は石造，上層はレンガ造で，高さ102mの塔はレンガ造のシャフトの上に石造の頂部をのせている．

図 195 ヴェネツィア総督宮 (1340-1550頃)
二層のアーケイドの上に紅白大理石張りの壁面をのせた南正面と西正面には，ゴシックを基調としながら，東方のモチーフを混合した細部が見られる．

図 196 カ・ドーロ (ヴェネツィア，1424-37)
大運河から上がる一階には倉庫と事務室，二階・三階に広間と脇部屋がある．総督宮風のアーケイド，イスラムの礼拝用壁掛けをモチーフとした窓が美しい．ヴェネツィアの邸宅は通例三列構成をとるが，この建物では左側の列が省略されて非対称形の正面になっている．

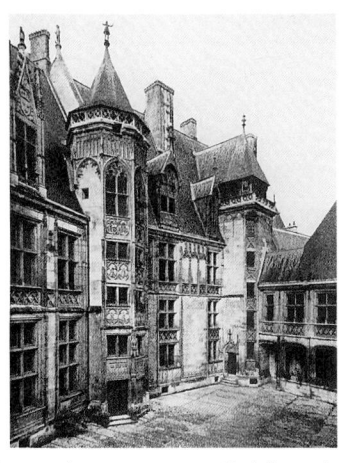

図 197 ジャック・クェール邸 (ブールジュ，1443-51)
王室銀行家の石造邸宅．市城壁の円塔を金庫室や書類室に利用し，一階にホール，営業室，食堂，厨房，ギャラリー，二階に居室とギャラリーを配し，多数の螺旋階段塔が上下階を連絡している．

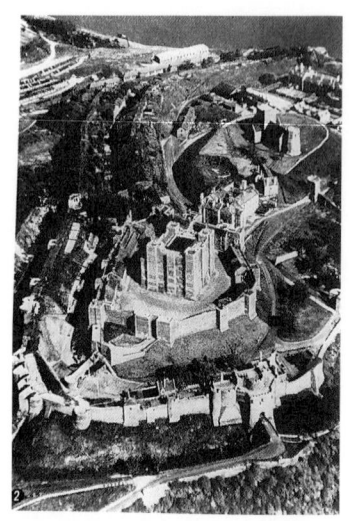

図 198 ドーヴァー城 (1179-1240 頃)
集中式城郭の典型的作例のひとつ．角塔状天守を内郭・外郭の城壁が取り巻く．外郭の主門は城内からの裏切りに備えて独立した要塞になっている．

3 西洋近世の建築

3.1　ルネサンス建築

3.1.1　ルネサンス建築の展開

11世紀以来の都市の発展と繁栄，支配者・有力者の財力と教養の蓄積に伴って，イタリアでは13世紀後期から古代ローマ人の世俗的な生活態度と人間的な文化を理想とし目標とするヒューマニズムの思想が生まれた．14世紀の文学・絵画・彫刻のルネサンス（再生）に続いて，建築のルネサンスは15世紀初頭のフィレンツェで開始され，北イタリアの各地に普及したのち，16世紀には，ローマを中心として，その完成期に入った．

中世の建築が教会堂・修道院・城郭・市庁舎を中心としていたのに対し，ルネサンス建築は，古代ローマ時代にならい，邸宅・宮殿・官庁・病院・市場を含めた都市建築全般にわたる建設活動となり，建物の種類や形式が多様となったほか，近代ヨーロッパの都市と都市建築の基盤が形成される時代となった．

イタリアのルネサンス建築は，16世紀初頭からまずフランスへ，16世紀中期からスペインとオランダとイギリスに，17世紀初頭からドイツと東欧に普及していったが，盛期ルネサンス建築が各国で真に理解されるまでにはかなりの時間がかかった．これは，ルネサンス建築が，古代ローマの建築様式の体系的理解という学術的要素ばかりでなく，古代様式の新しい時代への適用という技術的・社会的課題を含んでいたからである．そのため，ルネサンス建築の建造は，技術の伝承と改良を基本としてきた中世の職人だけでは対応できず，みずから研究し考案する新しいタイプの工匠，すなわち「建築家」を必要とするようになった．

3.1.2　イタリア初期ルネサンス

15世紀の前半，フィレンツェの建築家フィリッポ・ブルネッレスキ（1377-1446）は，まったく新しい構造的考案にもとづいてフィレンツェ大聖堂のドーム

(図199・200)を建造したほか,古代ローマの建築モチーフ,東方的な建築技術,単純な比例システムを適用して,捨子保育院(図201),パッツィ家礼拝堂(1430-61)やサント・スピリト聖堂(図202)のようなルネサンス建築の基本となる建物を設計した.ミケロッツォ・ディ・バルトロメオ(1396-1472,図203・204)とアントニオ・フィラレーテ(1400頃-69)は,ブルネッレスキ風の様式をフィレンツェ内外および北イタリアのミラノに普及することに努めた.

図 199 フィレンツェ大聖堂(1296-1461,正面は1887完成)
アルノフォ設計のゴシック大聖堂の東端部をタレンティが拡張.ブルネッレスキが1420-36年にドームを建造,頂塔は1446-61年に完成した.ジョットーの鐘塔は1334-87年建造.

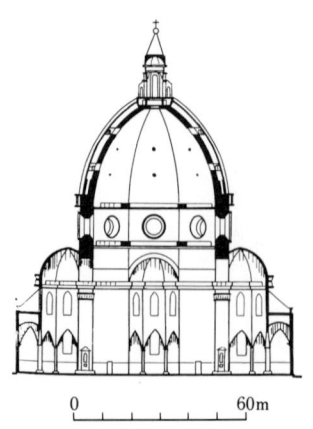

図 200 フィレンツェ大聖堂ドーム断面図(1420-61,ブルネッレスキ)
8本の大リブ,16本の小リブを入れた内径42mのレンガ造二重殻ドーム.ドーム部分の下層の6mは石造.最下層にカスガイでつないだ石造リングが二本,8mの高さに30cm角の木材の抗張力リングが一本,上部に四本の石造リングが挿入されている.床面からの天井高87m.

図201 捨子保育院（フィレンツェ，1421-45，ブルネッレスキ）
古典モチーフを全面的に採用した最初のルネサンス建築．ペンデンティヴ・ドームを並べた列柱廊は，ドームの裾を結ぶ鉄のタイ・ロッドで支持されている．

図202 サント・スピリト聖堂（フィレンツェ，1445-82，ブルネッレスキ）
平面も内部立面も，正方形と1：2の比例で完全に統一された教会堂．側廊は身廊部・袖廊部・内陣部を一周し，壁面には多数の礼拝堂を設けてある．

図203 パラッツォ・メディチ（フィレンツェ，1444-59，ミケロッツォ）
階ごとに変えたルスティカ仕上げと古典様式の大コーニスが特色．軒高24.8 m．中庭式で，一階は業務室と倉庫，二階が応接用の主要階．三階は家族および使用人用の階．背後に庭園がある．

図204 パラッツォ・メディチ中庭
中庭は庭園でなく作業場で，地下に貯水槽がある．一階の列柱廊は，隅の柱が弱すぎるうえ，上階隅の窓が接近しすぎており，中庭隅柱の処理が重要な課題のひとつとなった．

レオン・バッティスタ・アルベルティ (1407-72) は「万能の才人」と呼ばれた学究的な建築家で，ウィトルウィウスの『建築書』の研究にもとづいて『建築論』(1452) を書き，フィレンツェのパラッツォ・ルチェッライ（図205），リミニのマラテスタの神殿（図206）やマントヴァのサンタンドレア聖堂（図207～209）のような，よりローマ的な建築を開拓し，ルネサンス建築を学術的な古典主義の方向に導いていった．また，法王の秘書官となってローマ市に新しい建築思想を伝え，古代遺跡の保存にも尽力した．15世紀の末には，北イタリアの各都市にもルネサンス建築が普及し（図210・211），ドナト・ブラマンテ（1444-1514，図212）とレオナルド・ダ・ヴィンチ（1452-1519）がミラノで集中形式にもとづく教会堂建築を構想していた．

図205 パラッツォ・ルチェッライ（フィレンツェ，1446-61，アルベルティ）
ローマのコッロセウム（図87）にならってオーダーを三層に重ねた最初のルネサンス建築．狭い街路に面しているのでオーダの突出を避け，ルスティカの目地でオーダーを表現し，各ベイの形と窓の形を相似形にしている．

図206 マラテスタの神殿（リミニ，1450-68，アルベルティ）
ゴシックのサン・フランチェスコ聖堂を内部に保存したまま改装した建物．正面に凱旋門モチーフ，側面にローマ風のアーケイドを適用しており，高貴な美しさをもつ．リミニの君主シジスモンド・マラテスタとイソッタ妃を神格化する神殿として計画され，側面のアーチ内には石棺を並べてあり，マラテスタの宮廷に仕えた学者・文人・芸術家を葬る予定だったが，マラテスタの没落により未完成に終わった．

図 207 サンタンドレア聖堂正面(マントヴァ,1471-1512,アルベルティ)
凱旋門モチーフと神殿型正面の融合.左手の中世の塔を保存するため,玄関間口を身廊幅と同一に縮小し,ペジメント上の丸窓から堂内に採光している.マラテスタの神殿と同じく,品格の高い見事な正面である.

図 208 サンタンドレア聖堂内部
縮小された玄関から入ると,雄大なトンネル型ヴォールトを架けた幅22 m,奥行120 mの巨大な内部空間が人を驚かす.内部立面は正面のモチーフを同一のスケールで繰り返している.近世教会堂の原型を形づくった大作.

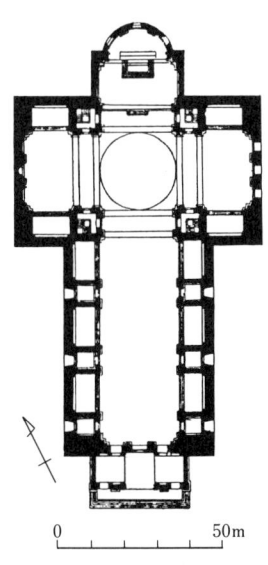

図 209 サンタンドレア聖堂平面図
バットレスを堂内に入れた単廊式で,1:2の比例で礼拝堂をつくり,交差部は内陣と袖廊の深さを同一にして集中式に近づけている.

図 210 コッレオーニ礼拝堂（ベールガモ，1470-73，アマデーオ）
ベールガモ出身のヴェネツィア共和国の著名な傭兵隊長の埋葬礼拝堂．色大理石を張り混ぜた多彩な壁面装飾に若々しく華やかな時代の到来が素直に示されている．

図 211 パヴィアのチェルトーザ（1473-1540頃，アマデーオとボルゴニョーネ）
1396年起工のゴシックの修道院聖堂．正面に色大理石の精巧華麗な装飾的障壁をつくり上げ，16世紀初頭にイタリアに侵入したフランス人を感嘆させた．

図 212 サンタ・マリア・デッレ・グラーツィエ聖堂東端部（ミラノ，1486-98，ブラマンテ）
ゴシック聖堂の身廊部に付加した20m角の集中式交差部で，矢車文様を並べた帯状の大らかな大アーチの上にペンデンティヴ・ドームを架け，単純明快な空間をつくり出した．

3.1.3 イタリア盛期ルネサンスとマニエリスム

15世紀末にブラマンテがローマに移住し,古代遺跡から刺激を受けて,より古代的な様式を完成した(図213).ルネサンス的な法王ユリウス2世(1503-13)およびレオ10世(1513-21)のもとで,サン・ピエトロ大聖堂の改築計画(図214)およびヴァティカン宮殿(図253)の増改築が進行し,ブラマンテ,ラ

図213 テンピエット(ローマ,1502-10,ブラマンテ)
直径8m,高さ13mの聖ペテロの殉教記念堂.ブラマンテは,ローマ時代にも稀だったドリス式を採用し,深いニッチをえぐった高いドラムの上に立つドームをのせ,上下層を同一の比例にするなどの特色を盛りこみ,古代建築の精神に最も近づいた作品として注目を集めた.ブラマンテの原案では,16本の列柱のある円形中庭の中央に立つはずであった.

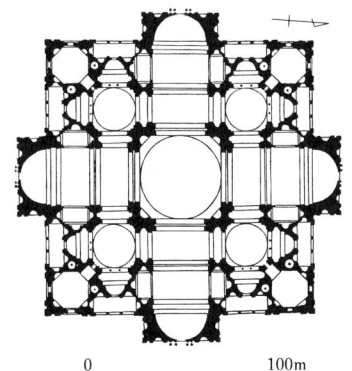

図214 ブラマンテのサン・ピエトロ計画案(1506)
中央に列柱廊ドラム付きの半球形ドーム,四隅に小ドーム,正面両端に二本の角塔を立てる予定であった.整然とした美しいプランであるが,規模に比して支柱や外壁が脆弱で,建造中に早くもドーム支柱に亀裂を生じ,実施できない案であることが明らかになった.

ッファエッロ (1483-1520), バルダッサーレ・ペルッツィ (1481-1536), アントニオ・ダ・サンガッロ・イル・ジョーヴァネ (1485-1546) らが指導的建築家として活動した (図 215～217). この 1500 年から 20 年頃までの短い時代をルネサンス建築の完成期とみなし, 「盛期ルネサンス」と呼んでいる.

図 215 ラッファエッロの家 (ローマ, 1510-12 頃, 1936 破壊, ブラマンテ)
盛期ルネサンスの典型的住宅. ルスティカ仕上げの基壇状の一階に玄関と中二階付き貸店舗, 二階にペジメント, バルコニー付きの窓, 対にしたドリス式半円柱, エンタブラチュアを配している.

図 216 パラッツォ・ファルネーゼ (ローマ, 1517-89, アントニオ・ダ・サンガッロ・イル・ジョーヴァネ, ミケランジェロ, ヴィニョーラ)
フィレンツェ風の無柱式正面を採用. 間口 53 m, 軒高 29.4 m. サンガッロの死後, ミケランジェロが 1546-49 年に二階中央窓, 三階と大コーニスを修正して建造. 一階中央部壁面は 1569-73 年にヴィニョーラが修正した.

図 217 パラッツオ・ファルネーゼ中庭側
一階はサンガッロによる盛期ルネサンスのアーケイド．二階の構成とイオニア式フリーズはミケランジェロ，窓まわりは 1569-73 年の担当者ヴィニョーラの作．三階のみが完全にミケランジェロ独自のデザインである．

しかし，あまりにも固定化されたブラマンテの様式にあきたらなかったラッファエッロは，より新しい趣向をこらした装飾性の強い様式を開拓しようとした（図 218・219）．ジュリオ・ロマーノ（1492 頃-1546，図 219，223，224），ミケランジェロ（1475-1564，図 220・221），ペルッツィ（図 222）がこれに続き，新奇で個性的な様式を次々と試みた．これらを「マニエリスム」の建築と呼んでいる．マニエリスムは，教条化し画一化する建築を自由化する試みであった．

図 218 パラッツオ・ブランコーニオ正面案（ローマ，1520 頃，ラッファエッロ）
ブラマンテの様式を破った最初のマニエリスム建築．オーダーを一階に移し，高窓付きの主要階の壁面を多くのモチーフと豊かな彫刻装飾で華やかに装飾した．

図 219 ヴィッラ・マダーマ（ローマ，1518起工，未完，ラッファエッロとジュリオ・ロマーノ）1506年頃，ネロの黄金宮で発見された古代ローマの装飾を応用して，壮麗な室内をつくろうとしたが，一部分が建造されただけで，未完に終わった．

図 220 メディチ家廟（フィレンツェ，1520-34）
11.5m角，高さ24mの井戸の底のような空間．切れ目のないフリーズで分断されたエンタブラチュア，彫像ののらないニッチ，ニッチの下に押しつぶされた戸口，切り取られたペジメントなど，ほとんどすべての建築要素が装飾彫刻的に取り扱われている．

3.1 ルネサンス建築

図 221 ロレンツォ図書館前室（フィレンツェ，1524-34年，ミケランジェロ）
支えない持送り，壁にめり込んだ円柱，彫像を置けないニッチ，開かない窓，溶岩が流れ落ちるような黒大理石造の階段が，異例の空間を形づくっている．

図 222 パラッツォ・マッシモ（ローマ，1532-36，ペルッツィ）
カーブした正面，都市住宅にはまれな列柱廊玄関，爬虫類の外皮を思わせる上階壁面，主要階の高窓（外観では三階窓）のストラップワークの額縁，柱や窓の配置に故意に不安定な構成を示したマニエリスム建築の代表作．

図 223 パラッツオ・デル・テー中庭（マントヴァ，1524-35，ジュリオ・ロマーノ）
古代の廃墟をテーマとしたマニエリスムの壁面．壁面のルスティカがところどころはがれ，フリーズのトリグリフが各柱間で1枚ずつすべり落ちて屋根裏換気口となっている．

1527年の「ローマ略奪」事件を機として，ローマにいた建築家の多くが中部・北部イタリアの諸都市に移住し，盛期ルネサンスあるいはマニエリスムの建築を伝えた．その結果，16世紀中期・後期には，フィレンツェと北イタリアの諸都市がローマと並ぶルネサンス建築の中心的舞台となり，マントヴァのジュリオ・ロマーノ（図223・224），フィレンツェのジョールジョ・ヴァザーリ（1511-74，図225）とバルトロメオ・アンマナーティ（1511-92），ヴェネツィアのヤーコポ・サンソヴィーノ（1486-1570，図226），ヴェロナのミケーレ・サンミケーリ（1484-1559），ヴィチェンツァのアンドレア・パラーディオ（1508-80，図227～231）などが，それぞれ独自の優れた業績を残した．

図224 ジュリオ・ロマーノ自邸（マントヴァ，1544-46，ジュリオ・ロマーノ）
一階の壁のなかに埋め込まれた無用のマグサ石，ペジメント兼用の蛇腹，アーチ形凹所のなかに後退した異例な窓まわり装飾，玄関上のマーキュリー像（商業と盗賊の神）などに機知とユーモアを示す．

図225 パラッツオ・デッリ・ウッフィッツィ（フィレンツェ，1550-80，ヴァザーリ，ブオンタレンティ）
幅15m，長さ140mの中庭を囲むU字形の官庁建築．アルノ川に面したパラーディオ・モチーフのロッジアがヴィスタの焦点を形づくる．左手の一階コロネードの角柱のニッチにはフィレンツェが生んだ偉人の彫像が並び，その上にストラップワークの窓額縁が並んでいる．

図 226 サン・マルコ図書館(ヴェネツィア, 1537-91, サンソヴィーノ)
盛期ルネサンスの建築様式をヴェネツィア風に華麗化した傑作.向かい合う総督宮の西正面とみごとに調和し,サン・マルコのピアツェッタ(小広場)を形づくっている.

図 227 パラーディオのバシリカ(ヴィチェンツァ, 1549-1617, パラーディオ)
中世の裁判所兼市庁舎ホールにめぐらした二層アーケイド.アーチの両側に伸縮自在の柱間を配したパラーディオ・モチーフで大きすぎる柱間の問題を解決した.

図 228 パラッツオ・キエリカーティ(ヴィチェンツァ, 1549-57, パラーディオ)
広場に面した二層の前面列柱廊の上階中央5ベイを利用して,二階中央部にある広間のスペースを広げている.独立柱と壁面を対照させた彫りの深い正面が美しい.

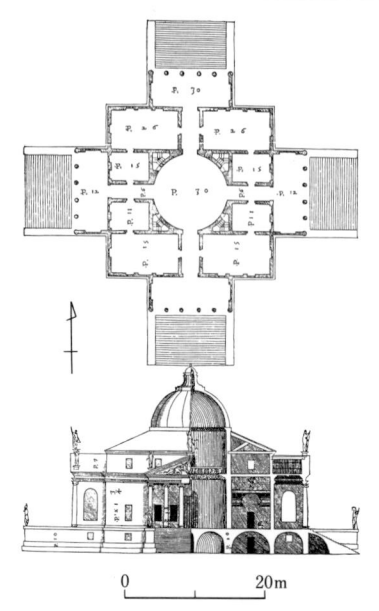

図 229 ヴィッラ・ロトンダ（ヴィチェンツァ，1565-69，1591-1606改造，パラーディオ）
円形広間をもつ方形建物の四辺に六柱式ローマ神殿の前面を付着させた異例の住宅．教養ある人士が集まり，古代的雰囲気のなかで美術・文芸を論じ合う場所として建造された．『建築四書』第二書所載の図版．

図 230 サン・ジョールジョ・マッジョーレ聖堂（ヴェネツィア，1564-1611，パラーディオ）
海上に浮んだ絵に描いたような教会堂．平面と内部の構成と採光に独自の工夫をこらした明るい内部，神殿正面を二重に重ねた教会堂前面を特色としている．

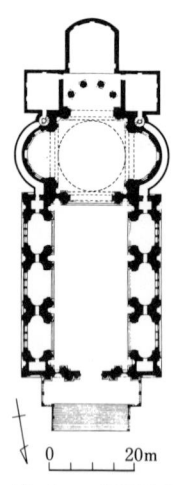

図 231 イル・レデントーレ聖堂平面図（ヴェネツィア，1576-92，パラーディオ）
集中式の交差部，カーブした列柱スクリーンの背後に合唱席をもつ特異な単廊形式．両側の礼拝堂境界壁上のバットレスでヴォールトを支持し，きわめて明るい内部を達成．

3.1 ルネサンス建築

この間にローマでは、よりダイナミックで威厳のある様式を求めるようになったミケランジェロが、カンピドリオ広場（図232・233）を計画したのち、サン・ピエトロ大聖堂の主任建築家となり（図234）、世紀末にはドームの建造が完了するまでに至った（図254）。また、ジャーコモ・バロッツィ・ダ・ヴィニョ

図232 カンピドリオ広場（ローマ、1536-1655、ミケランジェロとデッラ・ポルタ）
明快な対称軸線をもち、異なった形の複数の建物を統合した最初のバロック的広場計画。中央にマルクス・アウレリウス帝の騎馬像が立ち、大オーダーを用いた三つの建物が台形の広場を囲み、古代からの慣例により騎乗のまま登れるように、大斜路（コルドナータ）がつけられている。

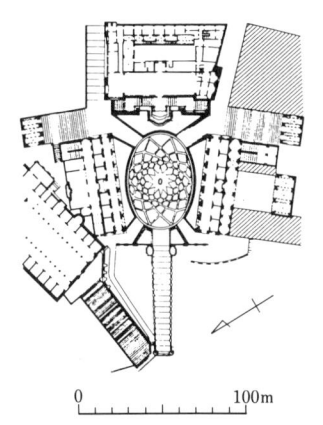

図233 カンピドリオ広場平面図
楕円形パターンに舗装した台形広場で、上昇大斜路も台形をしている。正面にパラッツォ・セナトーリオ（元老院）が立つ。右側のパラッツォ・デイ・コンセルヴァトーリ（登記所）、左側のパラッツォ・ヌォーヴォは、あわせてカピトリーノ美術館になっている。古代から現代に至るまで、ローマ市政の中心地となってきた。

ーラ（1507-73）とジャーコモ・デッラ・ポルタ（1533-1602）によって，イエズス会（ジェズイット）の本部聖堂イル・ジェズ（**図235**）が建てられた．

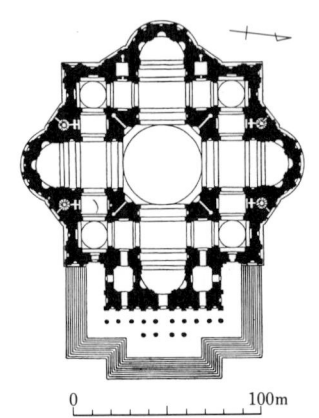

図 234 ミケランジェロのサン・ピエトロ計画案（1546）
ブラマンテ案の構造的欠陥を是正して，面積を五分の三に縮小，柱や壁体を厚く，かつ彫塑的にしたうえ，出入口を明確化して，雄大で力強い列柱廊玄関を加えた．ドームは直径42m，1558-90年に建造．原案どおり実現すれば，図252のような外観を示すはずであった．

図 235 イル・ジェズ聖堂（ローマ，1568-84，ヴィニョーラとデッラ・ポルタ）
上階左右のヴォリュートが特色で，イエズス会から派遣された伝道神父たちが世界中に普及したバロック教会堂の原型となった．内部はアルベルティのサンタンドレア聖堂にならった単廊式であるが，ヴィニョーラの死後，1668-83年に身廊のヴォールト，ドーム，天井の装飾などのすべてがバロック様式で改装された．トンネル型ヴォールトの側面に設けたルーネット窓から採光し，豊かな光線効果がバロック装飾を引き立てている．

3.1.4　ルネサンス建築の構造と装飾

　ルネサンス建築は，北方ゴシックの影響の微弱なイタリアで発達したため，その技術は古代ローマ以来の建造法を基本としている．基本材料はレンガで，ローマの一般工法にならい，レンガ壁の表面を石材あるいはストッコで仕上げた．フィレンツェの伝統工法であるルスティカ（荒積み）仕上げは，力強さを与える装飾法として広く利用された．オーダーの部材だけはすべて石材とするのが通例であったが，時には工費節減のため，礎盤と柱頭のみを石造とし，柱身はレンガ造ストッコ仕上げで代用したり，まれにはむき出しのレンガをそのまま柱身に使う場合もあった．

　初期のヴォールト，アーチ，アーケイドでは錬鉄のタイ・ロッド（つなぎ棒）を補強に用いていることが珍しくないが，アルベルティが太い角柱を用いたローマ的なアーケイドを推奨してからは，タイ・ロッドの使用はまれになった．壁体はレンガと石でつくられていても，床組や小屋組は木造であり，床には厚板を張り，寄木細工やタイルで仕上げた．ヴェネツィアでは，しばしば厚板の上に大理石片を混じたモルタルを流して磨き，テラゾー床をつくった．耐火的な天井や床が必要な場合にはレンガ造の本格的ヴォールトを用いたが，逆にヴォールトを軽くするため，木摺りや籐編みの下地にストッコ仕上げをした軽量ヴォールト天井も活用された．

　外壁の主な装飾は圧倒的にオーダーによるものが多いが，時には外壁の一部にフレスコ画を描いたり，大理石の寄木張りを施す場合もあった．内壁や天井の装飾は石造の戸口まわり・窓まわりとストッコ細工のコーニスおよびフレスコ画が圧倒的に多く，室内にはしばしば古代的な彫像を配したので，建築が絵画・彫刻の発展と普及を大いに助け，「諸芸術の母」という立場を完全に復活した．

3.1.5　ルネサンス建築の理論

　ルネサンスの建築家は，ウィトルウィウスの『建築書』にならい，建築を単なる経験と慣例によることなく，理論と理性にもとづいて創造的に構築しようとした．理論の基本は比例システムで，オーダーのモデュールのほかに，建築の平面・立面が対称形で，かつ簡単な整数比で構成されていることを尊重した．時には，協和音をもたらす弦の長さの比例にもとづく音楽的比例や黄金比も適用さ

れ，建築の比例を人体比例に一致させようという試みも根気よく行われた．

また，正方形，円形，正多角形，ギリシャ十字形のような点対称の平面をもつ集中形式の建築が理想とされ，多くの建築家たちがこの形式に強く固執した．こうした求心的な形態が人間の理性および世界・宇宙の構成と調和すると信じたからである．

古代ローマ建築の調査と実測も熱心に行われ，古代建築の法則と技法が研究された．建築の考古学もこの時期に始まった．このような研究にもとづいて，多くの建築書が書かれたが，それらのうち，アルベルティの『建築論』(1452)，セバスティアーノ・セルリオ (1475-1554) の『建築書』(1537-51)，ヴィニョーラ (1507-73) の『建築の五つのオーダーの法則』(1562)，パラーディオの『建築四書』(1570) が最もよく知られている．

3.1.6 フランスのルネサンス建築

15世紀末から16世紀初頭にかけて，フランス軍がイタリアに侵入して北イタリアの華麗なルネサンス建築と優雅な生活様式に驚嘆した．イタリア文化に魅了されたフランソワ1世（在位1515-47）は，多くのイタリア芸術家を招いて，熱心に新様式を輸入した．当時のフランス王家や貴族たちが居住していたロワール川の流域の城館群が，フランスのルネサンス建築の最も早い実例で，急傾斜の大屋根を架けた伝統的建築をできるだけ対称形に整え，表面的なオーダーを適用したものであったが，美しい風景とよく調和した独特の魅力を備えている．ブロワの城館のフランソワ1世の翼屋（図236），アゼ・ル・リドーの城館 (1518-25)，シャンボールの城館（図237），シュノンソーの城館 (115-81) はその代表的な作例である．パリ近郊では，フォンテンブローの城館で多くのイタリア人芸術家が活動し，フランス美術の中心地となった（図238）．

16世紀の中期には，ピエール・レスコー (1500/15-78) やフィリベール・ドロルム (1500/15-70) のようなイタリア様式を完全に理解したフランス人建築家が現れ，パリのルーヴル宮（図239）の建造が開始されたが，やがてフランスは内乱と宗教戦争 (1562-98) の渦中に陥って，30年間以上にわたって建築活動がほとんど停止してしまった．

図 236 ブロワの城館のフランソワ1世の翼屋 (1515-25)
薄いピラスター, 中央の開放的なラセン階段, 十字格子の窓, 大きな軒蛇腹, 屋根窓, 煙突を初期ルネサンスのモチーフやアラベスクで飾っている.

図 237 シャンボールの城館 (1519-50頃)
完全な対称的平面と比較的忠実なルネサンス式の細部を備えているが, 屋上に林立する円錐屋根, 頂塔, 屋根窓, 煙突の騒然としたシルエットが最も目立つ特色. 中央部にレオナルド設計と伝えられる二重ラセン階段がある.

図 238 フォンテンブロー宮殿フランソワ1世のギャラリー (1528-40年, ル・ブルトン)
イル・ロッソほかのイタリア美術家が, 木製パネル, ストゥッコによるオーダー, 女性像, トロフィー, メダイヨン, ストラップワークで賑やかに装飾した.

図 239 ルーヴル宮方形中庭の西南翼屋（パリ，1546-59，レスコー）
正確な古典モチーフ，完璧な比例，リズミカルな構成，薄いピラスター，優雅で女性的な浅浮彫の彫刻によって，独自のフランス的表現を達成した最初の作品。

図 240 セヴィリア市庁舎（1525-64，ディエゴ・デ・リアーニョ）
北イタリアの初期ルネサンスを模範とし，付け柱やピラスターの柱身部やフリーズを豊かなアラベスク装飾で埋め尽くしたプラテレスコ様式の典型的作品。

3.1.7　スペインのルネサンス建築

　イタリアと密接な関係にあったスペインは，フランスと同様に，16世紀初頭からルネサンス建築を取り入れたが，久しくイスラム教徒に占拠されていたため，過剰な装飾を愛好する伝統が根強く，初期にはアラベスクのような細かい装飾を丹念に施すことが好まれた（図240）。打ち出しの銀細工に似ているところから，この様式を「プラテレスコ（銀細工様式）」と呼んでいる。この時期には，プラテレスコ装飾はゴシック建築にもルネサンス建築にも適用された。
　しかし，国王がより本格的なイタリア様式を望んだ場合もある。グラナダのカルロス5世宮殿（図241）はマニエリスム建築のきわめて早い例であり，またエル・エスコリアル宮殿（図242）は，巨大ではあるが，意図的にきわめて簡素なイタリア様式を採用している。スペインでは，ひとつの建物に二つから四つの複

数の中庭（パティオ）を設ける場合が多く，また二階分を吹き抜いた階段室や，折り返してから左右二手に分かれて上昇する壮麗な「皇帝階段」の建造がイタリアよりもむしろ早く発展していたことが注目される．

図 241 カルロス 5 世宮殿（グラナダ，1526-1616，マチュカ）
アルハンブラ宮殿の一部に計画された未完の方形宮殿であり，スペインにおけるマニエリスム建築のきわめて早い例で，しかも洗練されている．直径 30 m の円形中庭は，ドリス式・イオニア式円柱各 32 本を重ねた二層の列柱廊で囲まれている．

図 242 エル・エスコリアル宮殿（1563-84，バウティスタ・デ・トレドとエレーラ）
マドリッドから 50 km の人里離れた地を選んで，王廟，教会堂，修道院，宮殿を一体化した間口 206 m，奥行 209 m の大建築計画．禁欲的なフェリペ 2 世の思想を反映し，内外とも簡素謹厳荘重なスタイルで一貫している．

3.1.8 ネーデルランドとドイツのルネサンス建築

ネーデルランド（オランダ）とドイツは，いずれもイタリアとの接触が薄かったが，ライン川に沿った交易路の関係からまずネーデルランドに 16 世紀中頃におそらく建築書を通して新様式が伝えられ，それをネーデルランドの建築家たちがドイツに伝えたり，ドイツの建築家がネーデルランドから学んだようである．

ネーデルランドのコルネリス・フロリス（1514 頃-75）は，アントワープ市庁舎（図 243）で最も早くイタリア・ルネサンス様式の理解とその北方的表現を達成した．とくに，対にした円柱，ニッチ，渦巻装飾，オベリスクなどで飾られた破風壁つきの中央部分の形式は，ネーデルランドとドイツの市庁舎，ギルドホール，上級住宅に応用されて，それらの最も目立つ特色となった．ハーレムではリ

ーフェン・デ・ケイ（1560頃-1627，図244），アムステルダムではヘンドリク・デ・ケイセル（1565-1621）が活動したが，やがてヤコプ・ファン・カンペン（1595-1657）が現れてパラーディオ様式を導入し，ハーグのマウリッツハイス（図245）で本格的な古典主義に移った．

　宗教的・政治的分裂で，ドイツでは新様式の理解と消化が遅れ（図246），17世紀初期になってから，北イタリアでパラーディオ様式を研究したエリアス・ホル（1573-1646）のアウクスブルク市庁舎（図247・248）でようやく達成された．しかし，ドイツ建築の展開は三十年戦争（1618-48）によって再び中絶した．

　ネーデルランドとドイツの都市建築は，間口が狭く，奥行の深い敷地に急傾斜の屋根を架けて建てられたため，時には街路に面して七・八階建の高さのレンガ造あるいは石造の正面壁を立て，破風壁部分にも三階から四階分を収めたものが少なくない．注目されるのは，16世紀末に刊行されたヴェンデル・ディッターリンの『建築書』（1593-98頃）の影響で，怪奇で放縦な彫刻装飾やストラップワークを隙間なしに適用する装飾法である．こうした装飾にはしばしばストゥッコ細工が利用された．

図243　アントワープ市庁舎（1560-65，フロリス）
窓を拡大したパラッツォ建築に大きな反り屋根をかぶせ，人目を惹く破風壁を載せた中央部分を特色としている．これがオランダ・ドイツのルネサンス建築の基本的モデルとなった．

3.1 ルネサンス建築

図 244　食肉商組合ホール（ハーレム，1601-05，デ・ケイ）
　レンガ造で急傾斜の破風壁を特色とするオランダ建築の典型．屋根窓も高い破風壁で飾り，戸口・窓まわりには白い石を装飾的に用いている．

図 245　マウリッツハイス（ハーグ，1633-35，ファン・カンペン）
　反り屋根，イオニア式の大オーダー，花綱飾りで，やや賑やかに飾られたパラーディオ式邸宅．ナッサウの王子マウリッツのために建てられた．

図 246　ハイデルベルク城のオットハインリヒスバウ（1556-63）
　赤色砂岩の壁のみが立っている廃墟だが，ピラスター，半円柱，二連窓，ニッチ，怪異な彫像で賑やかに飾ったドイツ初期ルネサンスの代表作のひとつ．

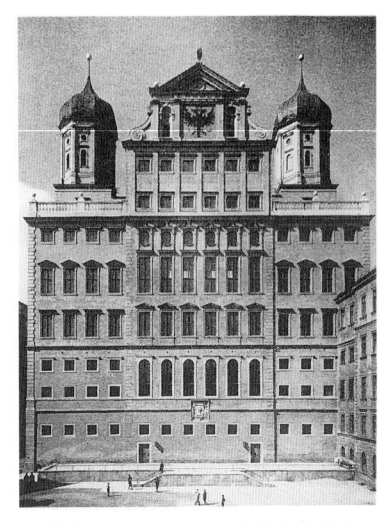

図 247 アウクスブルク市庁舎正面
（1610-20, ホル）
マニエリスムとパラーディオの影響のもとに初期の装飾過剰を離脱した簡素端正な様式．しかし，イタリア建築とは異なり，きわめて垂直性の強い高層建築になっている．

図 248 アウクスブルク市庁舎「黄金の間」
中央部分の三階分を吹き抜いた豪華な大広間．簡素淡白な外部とは対照的にきわめて濃密入念に装飾されている．

3.1.9 イギリスのルネサンス建築

イギリスでは16世紀後期のエリザベス朝（1558-1603）時代から，建築に関心の深い貴族が，みずから建築書を買い，石工親方を雇って自邸をつくらせるという形でルネサンス建築の輸入が始まった．この時期に，ロバート・スミスソン（1536頃-1614）のような優れた工匠が，垂直式ゴシックの大窓と中世伝来のホールを左右対称の外観でまとめて，石造によるイギリス独自の「エリザベス様式」をつくり出した（図249）．続くジェームズ1世時代（1603-25）にはオランダの影響が強まり，露出したレンガ壁，石材の隅石，オランダ風破風壁，石造の十字格子窓を特色とする「ジャコビアン様式」が広まった．

しかし，イギリスの場合も，17世紀初期に入ってから，イタリアでパラーディオの建築を実地に研究したイニゴー・ジョーンズ（1573-1652）によって，完全なイタリア様式の理解と移植が達成された（図250・251）．

3.1 ルネサンス建築

図 249 ウォラトン・ホール（ノッティンガムシャー，1580-88，スミスソン）
エリザベス式邸宅建築の代表作．垂直式ゴシックの大きな格子窓，活気あふれる城郭風のシルエットが特色．ホールは中央の大角塔部分にある．

図 250 ホワイトホール宮殿のバンケッティング・ハウス（ロンドン，1619-22，ジョーンズ）
パラーディオの住宅様式からペジメントを除去し，屋根を隠し，窓を拡大している．内部は二層を吹き抜いた幅16.8mのダブル・キューブ（立方体二個分）の大広間で，ルーベンスの天井画がある．半地下階は戦争博物館に使われていた．

図 251 クィーンズ・ハウス北正面（グリニッジ，1616-35，ジョーンズ）
屋根を極度に低く押え，オーダーや彫刻装飾をすべて省略し，ほとんどルネサンス的な比例のみで構成した外観は，時代を超越した簡素で端正な古典様式を達成している．南面中央部二階は5ベイのロッジアになっている．

3.2　バロック建築

3.2.1　バロック建築の展開

　バロック建築は，16世紀末期にイタリアで発生し，17世紀から18世紀前半にかけてヨーロッパ各国で展開された様式である．静的な均衡と調和を基本としたルネサンス建築に対し，バロック建築はダイナミックで劇的な効果を求め，観る者に強烈な感覚的刺激を与えることを目的としていた．そのため，巨大なスケールや圧倒的なマッス，雄大なヴィスタ（見通し），複雑で立体的な構成，曲線・曲面の使用，錯視の利用，豊富で多様な装飾などが，時と場合に応じて適切に活用された．さらにルネサンス時代における古典様式の技術的完成を基礎として建築・絵画・彫刻の統合を目指し，光線や音楽の効果まで取り入れていった．その意味で，バロック建築は歴史上実現された最も総合芸術的な建築ということができる．

　このような建築は，建築家に多面的で豊かな才能を要求するとともに，建築主にもきわめて大きな財力あるいは権力を要求するので，ルネサンス建築のように，どこでも誰でもある程度のものが建てられるという建築ではなかった．それゆえ，優れたバロック建築のほとんどすべてが，宗教改革の試練を乗り越えて反宗教改革運動に転じたローマ法王庁およびカトリック教会の聖堂建築，あるいは各国の国王および大貴族の宮殿・邸宅建築であったといっても過言でない．

3.2.2　バロック建築の構造と装飾

　技術的な面では，バロック建築はルネサンス建築の発展と成熟と完成であると見ることができる．ルネサンス建築の構造技術が十分に消化された結果，建築家は建築的要素を自由に駆使した新しい空間構成，絵画・彫刻を効果的に融合した壁面の構成に全力をあげることができた．サン・ピエトロ大聖堂のドームの完成によりドーム建築が広く普及したばかりでなく，パリのアンヴァリッドやロンドンのセント・ポール大聖堂では三重殻のドームが用いられ（図290），ドームの外観と内観を意匠的に区別するようになった．また半球形を基本としたドームばかりでなく，内面を折り曲げたドームや（図263），リブを積み重ねたイスラム

系のドームも出現した（図269）．ヴォールト天井も単純な幾何学的形態や，重い組積工事ばかりでなく，木摺りストゥッコ細工で軽量化した浅い曲面天井が広く用いられるようになった．

バロックの彫刻と絵画には，人物の動的な姿勢や空中への浮遊をテーマとしたものが多く，室内に前例を見ない空間的な広がりを与えた（図268）．絵画の技巧が巧みに建築に応用され，だまし絵によって建築部材を絵画で表現したり，大理石パネルを絵画で代用したりした．モザイクによる絵画，ストゥッコによる彫刻装飾や彫像も利用された．ストゥッコ彫刻は，大理石彫刻より安価で細工も容易であったため，とくにドイツ各地で大いに活用された．

3.2.3 イタリアのバロック建築

イタリアのローマでは，16世紀中期のミケランジェロの建築にすでにバロック建築の萌芽が見られ，そのためミケランジェロはしばしば「バロックの父」と呼ばれる．またヴィニョーラは楕円形平面の教会堂を開拓しており，バロック建築の重要なテーマに先鞭をつけていた．パラーディオも対称軸線上に五部構成・七部構成の建築を展開していく手法を開発し，バロックの先駆者の一人であった．サン・ピエトロ大聖堂は，イタリア・バロック最大のモニュメントで，ミケランジェロは大オーダーの独立円柱の玄関部をもつ集中形式を構想していたが（図252），教会側の意向でカルロ・マデルノ（1556-1629）が長堂形式に変更し，正面玄関部分もマデルノの平板なデザインが採用されてしまった（図253・255）．

図252 ミケランジェロ設計のサン・ピエトロ大聖堂（1546-60頃）
高さ30mの大オーダーの列柱14本を備えた神殿風玄関がつくはずだった．教会の要望で身廊部が延長されたため，ドームの下半部が見えなくなってしまった．

図 253 サン・ピエトロ大聖堂全景（ローマ，1502-1667）
聖堂は全長 211.5 m，全幅 156 m，面積 49,737 m²，正面間口 115 m．東端部はミケランジェロ，身廊部と正面はマデルノ，楕円形広場と接続廊はベルニーニの設計．総全長 490 m，全幅 250 m．右手にヴァティカン宮殿．

図 254 サン・ピエトロ大聖堂ドーム（ローマ，1587-89，ミケランジェロとデッラ・ポルタ）
二重殻ドームで，ドラムの外径 59 m，ドーム外径 51 m，地盤面から頂塔十字架の先端までの高さ 136.5 m．半楕球形に見えるが，輪郭は円弧の一部である．内殻の直径は 42 m，高さ 29 m，床面から 104 m．

図 255 サン・ピエトロ大聖堂身廊部（ローマ，1614-24 頃，マデルノ）
幅 25.8 m（側廊を含めて 60 m，袖廊部 137 m），奥行 186 m，高さ 45.8 m．マデルノは，ミケランジェロに対する敬意から，交差部のデザインをほとんどそのまま延長したほか，天井面に段差をつけて自作の部分を区別している．

図 256 サン・ピエトロ広場のコロネード（ローマ，1656-67，ベルニーニ）
長径 200 m，短径 165 m の楕円形広場．高さ 18.3 m のトスカナ式円柱 284 本，角柱 88 本を四列に並べた壮大な列柱廊で囲み，軒高欄に 140 体の聖人像を飾った．背後に見えるのはヴァティカン宮殿．重量 320 トンのオベリスクは 1586 年に移設されていた．

しかし，マデルノは最初のバロック建築家といってよい人物で，バロック教会堂の正面と内部の基本形式を確立したうえ，ジャンロレンツォ・ベルニーニ (1598-1680) とフランチェスコ・ボッロミーニ (1599-1667) というバロック建築の天才を育成した。ベルニーニはミケランジェロの再来といわれた彫刻と建築の大家であり，楕円形のサン・ピエトロ広場（図253・256），楕円形平面の教会堂（図258），驚くべき劇的効果を示す礼拝堂や階段（図258）や噴泉，宮殿建築の原型（図259）をつくった。ベルニーニは当代最高の建築家として名声をほしいままにし，1665年には，フランス王からルーヴル宮の改築のための建築家としてパリに招待されたが，その豪壮な宮殿案は採用されなかった。ボッロミーニは，ベルニーニほどの機会や栄誉に恵まれなかったが，曲面曲線や東方的要素を駆使したきわめて独創的な建築を建造して人々を驚かした（図260～263）。

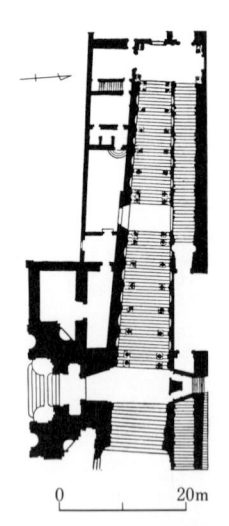

図257 ヴァティカン宮殿のスカラ・レジア平面図（ローマ，1663-66，ベルニーニ）
サン・ピエトロ広場の右接続廊からヴァティカン宮殿に入る正式玄関で，透視画法を応用して先すぼまりにつくり，実際よりも長大壮麗に見えるようにした。

図258 サンタンドレア・アル・クイリナーレ聖堂（ローマ，1658-70，ベルニーニ）
横長の楕円形平面の壁体に，多数の彫像を取り付けた華やかな楕円形ドームを架け，玄関部では凸面のポーチと凹面の側壁を対照させて，曲面の効果を十分に活用している。

3.2 バロック建築

図 259 パラッツォ・キージ・オデスカルキ
（ローマ，1664-66，ベルニーニ）
基壇状の一階，上階二層の大オーダーのコンポジット式ピラスター，重厚なエンタブラチュアと軒高欄による威厳ある構成で，西欧宮殿建築の原型となった．

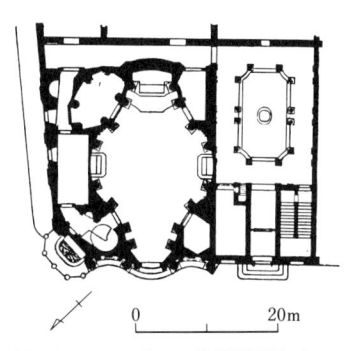

図 260 サン・カルリーノ聖堂平面図（ローマ，1638-46，ボッロミーニ）
市街地に立つ小さな修道院聖堂で，角の外側に泉があり，右手に中庭がある．

図 261 サン・カルリーノ聖堂のドーム
精妙な格天井をもつ楕円形のペンデンティヴ・ドームを支えるエンタブラチュアが波打つように屈曲して，変化に富んだ独創的空間をつくり出している．

図 262 サン・カルリーノ聖堂の正面（1665-68）
壁面とエンタブラチュアが下層では凹凸凹，上層ではすべて凹面で，てりむくり屋根のあるオリエント風の窓がある．隅にボッロミーニ型の塔が載る．

図263 サンティーヴォ聖堂のドーム(ローマ,1642-60,ボッロミーニ)
内側が折り曲げられた異例のドーム.外側では,多葉形のドラムの上に階段ピラミッドと凹面六角形の頂塔,その上にラセン形斜路のあるジグラット型尖塔と錬鉄製の篭が載っている.

そのほか,ローマではマルティノ・ロンギ(1602-60,図264),ピエトロ・ダ・コルトーナ(1596-1669,図265),ヴェネツィアではバルダッサーレ・ロンゲーナ(1598-1682,図266・267)が代表的なバロック建築家として活動した.アンドレア・ポッツォ(1642-1709,図268)は,幻想的な天井画を描く画家,祭壇をデザインする彫刻家としても卓越し,ユーゴスラヴィアやウィーンでも活動した.

図264 サンティ・ヴィンチェンツォ・エド・アナスタジオ聖堂正面(ローマ,1650,マルティノ・ロンギ)
典型的なバロック教会堂の正面.中央部は三つの正面を重ねて一体化している.見る者の視線は,どこから見はじめても中央部へと導かれていき,中央部から上方へと誘導されて,クライマックスを形づくる頂部の装飾彫刻に到達する.

図 265 サンタ・マリア・デッラ・パーチェ聖堂正面（ローマ，1656-59，コルトーナ）
トスカナ式円柱の半円形ポーチ．正面上階はゆるやかに前面にカーブし，側面に凹面の壁が対応する．柱とペジメントの配置にも独創的な工夫が見られる．

図 266 サンタ・マリア・デッラ・サルーテ聖堂（ヴェネツィア，1631-82，ロンゲーナ）
周囲に玄関，六つの礼拝堂，内陣を付けた八角堂．16個の巨大な渦巻付きバットレスで支えられたドラムの窓が大きいので，内部はきわめて明るい．

　1670年頃から，バロック建築の中心地はローマから北イタリアのトリノに移り，グアリーノ・グアリーニ（1624-83，図 269・270）が曲面曲線とリブを駆使

図 267 パラッツォ・ペーザロ（ヴェネツィア，1663-1710頃，ロンゲーナ）
平面は中世・ルネサンス時代と変わらないが，一階の強烈なルスティカ，彫りの深い二・三階の柱間，肉厚の豊かな彫刻装飾を特色とする典型的なバロック邸館．

図 268 サンティニャーツィオ聖堂の天井画（ローマ，1685-94，アンドレア・ポッツォ）
天空まで吹き抜けた透視画的建築構成と空中に躍動し浮遊するおびただしい極彩色の人物像．超現実的な空間をつくり出す典型的なバロックの天井．カルロ・マデルノの設計で1626-50年に建造され，イエズス会の創設者イグナツィオ・デ・ロヨラに奉献された聖堂で，天井画には天国へと昇っていくロヨラと彼が伝導神父たちを派遣した世界の四大陸の象徴が描かれている．

した建築を展開した．次いで18世紀に入ってから，フィリッポ・ユヴァッラ（1676-1736，図271〜273）が当時のバロックの技法を総括し，スペインやポルトガルにも自己のバロック建築を伝えた．他方，フランチェスコ（1659-1739），ジュゼッペ（1695-1747），アントニオ（1697-74）を中心人物とするガッリ・ビビエナ一族は，バロックの劇場建築および舞台装置のデザイナーとして，フランス・ドイツ・オーストリアで国際的な名声を博した（図274）．

ローマでは，フランチェスコ・デ・サンクティス（1693-1731）のスペイン階段（図275）やニコラ・サールヴィ（1697-1751）のトレーヴィの噴泉（図276）のようなバロック的都市景観がつくられた．また，ルイージ・ヴァンヴィテッリ（1700-73）は，シチリア王のためにナポリ近傍に巨大なカゼルタの王宮（1752-74）を建てた．これは四つの中庭をもつ田の字型平面の単一の建物に宮廷と行政・軍事・文化にわたる政府機関をすべて収容しており，正面玄関から背面まで建物内の中央廊下を馬車で通過できた．

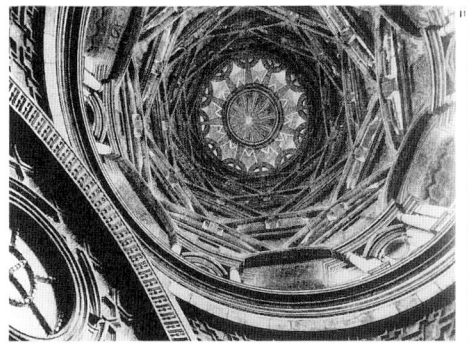

図 269 シンドネ礼拝堂ドーム（トリノ，1667-82，グアリーニ）
著名な「聖骸布」を収蔵する大聖堂付属の円形礼拝堂．ドーム部分は六角形になり，湾曲するリブが六段階に縮小していき，星形の天井に達する．

図 270 パラッツォ・カリニャーノ（トリノ，1679-92，グアリーニ）
起伏するレンガとテラコッタの外壁のあらゆる部分が独自のデザインで処理されている．中央曲面部に階段室，その奥に楕円形の広間がある．

図 271 パラッツォ・マダーマの階段室（トリノ，1718-21，ユヴァッラ）
古い邸宅の前面に増築された壮麗な階段室．玄関から左右に分かれて上昇し，折り返してから二階中央の踊り場で出会い，二階奥の広間に導いていく．踏面がきわめて大きく蹴上げの低い理想的な階段になっている．

図 272 ラ・スペルガ（トリノ，1717-31，ユヴァッラ）
　背後に大規模な修道院ブロックを接続している教会堂．ボッロミーニの影響が濃厚だが，壁面はピンクのパステル・カラーで彩られ，双塔の頂部にはオーストリア・バロックの影響が見られる．

図 273 ストゥーピニジ宮殿（トリノ近郊，1729-35，ユヴァッラ）
　当初の小さな楕円形の狩猟用ヴィッラが急速に拡張されて，四つの放射状の翼屋，八角形の前庭，付属建物，庭園を備えた壮大なバロック宮殿になった．この工事を終えたユヴァッラは，マドリッド王宮建造のため，スペインに旅立った．

図 274 宮廷オペラ劇場（バイロイト，1745-48，ジュゼッペ・ガッリ・ビビエナ）
　平土間の周囲を囲む列柱廊の上に三層の桟敷席を完備した劇場．近代劇場の基本となった．

3.2 バロック建築

図 275 スペイン階段（ローマ，1723-26，デ・サンクティス）
階段は二手に分かれ，途中の踊り場でつながり，再び二手に分かれて頂上で出会う．頂上にオベリスク（1788建立）とトリニタ・デイ・モンティ聖堂（1493-1816）が立つ．

しかし，18世紀中期からイタリア建築は衰退期に入り，西欧建築の中心舞台はフランス，イギリス，ドイツに移っていった．

図 276 トレーヴィの噴泉（ローマ，1732-62，サールヴィ）
パラッツオ・ポリの南壁を利用している．中央に海神ネプチューンの戦車とそれを誘導する二人のトリトン，左右のニッチに「豊饒」と「安寧」の寓意像．この頃，すでにローマの建設事業は衰退し，この噴泉の建造に30年もの歳月を要した．

3.2.4 フランスのバロック建築

　フランスでは，アンリ4世（1589-1610）時代になって建築活動が再開され，パリにもイタリア風の広場がつくられ始めた．ルイ13世（1610-43）時代には，サロモン・ド・ブロス（1562-1626）やジャック・ルメルシエ（1585-1654）のような建築家が16世紀イタリアの新傾向を伝え始めた．この時期を代表する建築家はフランソワ・マンサール（1598-1666）で，精妙で威厳のあるオーダーの用法と急傾斜のマンサード屋根の使用で，フランスの国民的様式とも呼べるスタイルを完成した（図277）．

図 277　メゾンの邸館（パリ近傍，1642-46，フランソワ・マンサール）
長方形の主屋の両端にパヴィリオンをつけ，壁面を多数のピラスターで区分し，高いマンサード屋根と煙突を目立たせたフランス独自の国民的様式．

図 278　ヴォー・ル・ヴィコントの邸館（1657-61，ルヴォーとル・ノートル）
中央に主館，手前右手に厩舎棟の中庭，左手に厨房棟の中庭．主館を貫く軸線の左右に，幅広い遊歩路を特色とするル・ノートル設計の庭園が広がる．

3.2 バロック建築

しかし，本格的なバロックをフランスに導入したのはルイ・ルヴォー（1612-70）で，造園家アンドレ・ル・ノートル（1613-1700）とともにヴォー・ル・ヴィコントの邸館（図278・279）を完成したのち，ルイ14世（1643-1715）のためにヴェルサイユ宮殿の建造に着手した．ルヴォーの死後，ジュール・アルドアン・マンサール（1646-1708）がヴェルサイユ宮殿の拡張計画を担当し，このフランス・バロックを代表するヨーロッパ最大の豪華な宮殿建築をほぼ完成した（図281～283）．とくにル・ノートルが担当した造園計画は，建築に合わせた無限遠の軸線と壮大なヴィスタ，幅広い遊歩道，放射状に配置された直線道路網を特色とし，ヴェルサイユの町まで包含しており，以後のヨーロッパの庭園と都市計画に大きな影響を与えた．宮殿そのものがもたらした影響も多大で，以後各国で小ヴェルサイユともいうべきバロック宮殿が次々に建てられた．

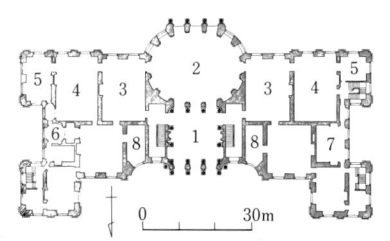

図 279 ヴォー・ル・ヴィコントの邸館平面図 中央大広間を二つのアパートメントではさんだ形式．1：玄関ホール．2：庭園に面する楕円形大広間．3：控室．4：主室．5：小室．6：浴室．7：納戸．8：脇玄関．

図 280 ルーヴル宮東面（パリ，1667-74，ペロー） 180mに及ぶ長大な正面．五部構成の下階を基壇状とし，上階は両端部にピラスター，中央部に対にした大オーダーのコリント式円柱のギャラリーを配し，緩傾斜の屋根を軒高欄で隠している．穏健で端正なバロック様式である．

図 281 ヴェルサイユ宮・庭園・市街全図 (1710頃, ピエール・ルポートルの銅版画)
下から三分の一のところに宮殿, その下に宮殿前広場と二つの馬蹄形厩舎と三本の放射状道路を囲むヴェルサイユの町. 宮殿の上に「カナル」と呼ばれる十字形の池, その右手にグラン・トリアノン. 図示の範囲は左右約4.5km, 上下約6km.

図 282 ヴェルサイユ宮全景 (1667-1756, ルヴォー, アルドアン・マンサール, ド・コット, ガブリエル)
宮殿の全長425m, 収容人員1万人. 全国の貴族を宿泊させ, 日夜の宮廷生活が営まれた. フランスの絶対君主制を象徴する大宮殿. 中核部は1624起工, 中央部第一次増築 (ルヴォー, 1661-65), 庭園 (ル・ノートル, 1667起工), 中央部第二次増築 (ルヴォーとル・ブラン, 1668-71), グラン・トリアノン (アルドアン・マンサール, 1678-89), 中央部第三次増築および南北翼増築 (アルドアン・マンサールとル・ブラン, 1699-1710), 礼拝堂 (アルドアン・マンサールとド・コット, 1699-1710), オペラ劇場 (ガブリエル, 1735-70), プチ・トリアノン (ガブリエル, 1762-64) という順序で, 工事は約140年間続いた.

3.2 バロック建築

図 283 ヴェルサイユ宮殿鏡の間（1878-88，アルドゥアン・マンサールとル・ブラン）
庭園に向かう窓と反対側のアーチ内に鏡を張りつめた 10 m×75 m の謁見用大広間．豪華な装飾はル・ブランが担当した．北端（突当り）に戦争の間，南端に平和の間がある．

しかし，フランスではイタリア・バロック様式の比較的穏健な部分が好まれ，ベルニーニのルーヴル宮改造案さえ採用されず，ボッロミーニやグアリーニの異例な様式はほとんど模倣されなかった（図 280・284）．アントワーヌ・ルポートル（1621-79）設計のオテル・ド・ボーヴェー（図 285）のようなパリの邸館で

図 284 アンヴァリッドのドーム（パリ，1680-1735，アルドアン・マンサール）
廃兵院付属聖堂に接続された宮廷礼拝堂で，活気あるオーダーの扱いと鍍金された華麗な三重殻ドームを特色とするフランス・バロックの傑作．のちに堂内中央の床面を円形にえぐり抜き，ナポレオンの石棺が安置された．

も，通りに面しては控えめな戸口を構え，中庭の周囲にさまざまな部屋を立体的に配置し，室内装飾に重点をおく巧妙な計画法が目立った．都市の広場は対称軸線をもち，中央に記念像や記念碑を立てた（図286）．

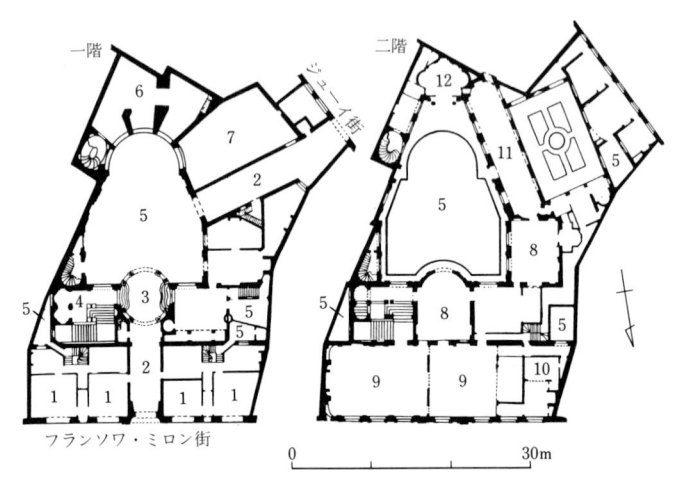

図285 オテル・ド・ボーヴェー平面図（パリ，1654-60，アントワーヌ・ルポートル）
立体的に巧妙に計画されたバロックの邸館で，街路に面する店舗の二階に主室・寝室を配した珍しいプラン．1665年にパリを訪れたベルニーニが絶賛した．1：店舗．2：馬車通路．3：玄関ホール．4：階段室．5：中庭．6：馬車庫．7：厩舎．8：広間．9：主室．10：寝室．11：屋上テラス庭園を望むギャラリー．12：礼拝堂．

図286 ヴァンドームの広場（パリ，1685-1720，アルドアン・マンサール）
バロックの都市広場の典型．224×213 m，軒高18 m．中央のルイ14世騎馬像と広場の大きさと建物の高さを調和させるため，まず，広場に面する壁体だけが設計・建造され，背後の住宅部分はのちに建造された．ルイ14世の騎馬像は，1810年，ナポレオン1世によって高さ44 mのブロンズの記念柱に替えられた．

3.2.5 イギリスのバロック建築

イギリスの建築活動も清教徒革命（1642-60）で中絶し，1660年の王政復古以後の建築界は，オクスフォードの数学・天文学の教授だったクリストファー・レン（1632-1723）の独壇場となった．レンは，1666年の大火後のロンドンのバロック的都市計画案（図287）を作成し，セント・ポール大聖堂（図288～291）を

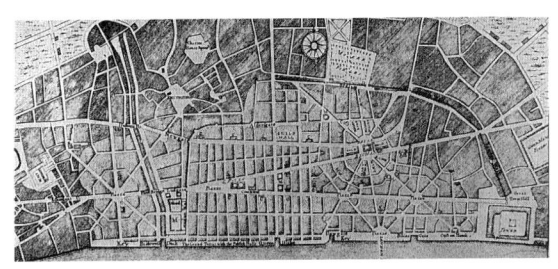

図 287 ロンドン都市計画案（1666, レン）
著名なロンドン大火の数日後に提案された広場と直線道路によるバロック的都市計画案．元どおりの敷地を求める地主たちの反対で実現しなかった．

図 288 セント・ポール大聖堂（ロンドン, 1675-1710, レン）
正面間口55m，全長175m．前面にボッロミーニ型の双塔を立て，ドームの内径30.8m，地上から頂部までの高さ111.5m．側面外壁の二階部分が単なる障壁であることに注意．

独力で完成したほか，多数の独創的な教区教会堂，陸海軍の廃兵院，図書館，宮殿，住宅などを設計した．レンに続いて，ニコラス・ホークスモア（1661-1736）とジョン・ヴァンブラ（1664-1726）が，18世紀初頭に強いバロック的性格を示す建築を建てた（図292～294）．

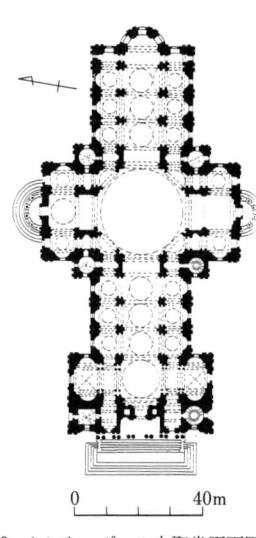

図289　セント・ポール大聖堂平面図
　完璧な構造的強度をめざした大聖堂で，大ドームを支える交差部の支柱は，二本ずつ結合されて八個の大きなバットレスを形づくっている．

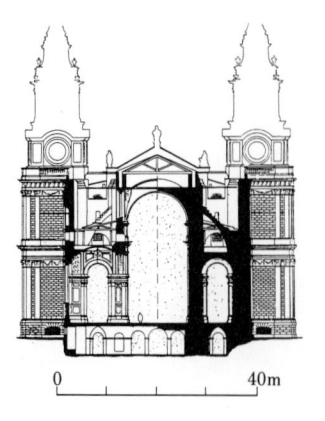

図290　セント・ポール大聖堂ドーム構造図
　独創的な三重殻ドームで，内径34.2mのドラムの内壁を上方で30.8mにすぼめ，内殻はレンガ造半球形，中殻はレンガ造コーン形で頂塔を支持．外殻は木造小屋組に木摺り下地の鉛張り．三つの殻が合体する基部にいわゆる「レンの鎖」が埋め込まれている．

図291　セント・ポール大聖堂断面図
　側面外壁の二階部分は単なるスクリーンで，内部に隠されたフライング・バットレス（飛梁）があり，身廊のヴォールト天井を支え，大きな高窓を可能にしている．

3.2 バロック建築

しかし,イギリスのバロック時代は1720年代までで,以後約30年間は,バーリントン卿リチャード・ボイル(1694-1753)の指導のもとにパラーディオとイニゴー・ジョーンズを模範とするより穏健なパラーディオ主義に転じた.ジョージ1世からジョージ4世に至るいわゆる「ジョージアン時代」(1714-1830)は,抑制された古典主義が基調とされ,とくに住宅建築の質が著しく高められた.

図292 ブレニム宮(オクスフォード近傍,1705-25,ヴァンブラ)
イギリス・バロックの頂点を示す間口264 m,奥行156 mの大邸宅.重量感のある力強い構成で,ランスロット・ブラウン(1716-83)設計の広大な風景庭園のなかに立っている.

図293 ブレニム宮平面図
主館・厨房棟・厩舎棟を連続した建物にまとめている.1:大ホール(幅14 m,奥行21 m,高さ20 m).2:サロン.3:小食堂.4:ロング・ギャラリー.5:厨房.6:温室.7:パン焼き室.8:洗濯室.9:正門.10:礼拝堂.11:馬車庫と厩舎.

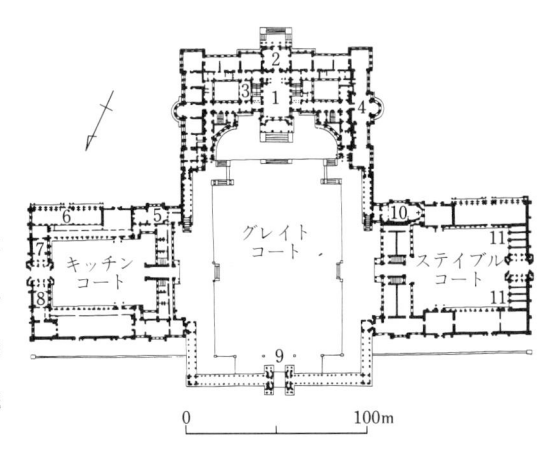

図 294 ブレニム宮正面中央部
圧倒的な大小のマッスを律動的に接続したドラマチックな構成．中央大ポーチコの上部やパヴィリオンの上の塔の独創的な処理が注目される．

3.2.6 ドイツ・オーストリアのバロック建築

ドイツでは，三十年戦争（1618-48）の影響で17世紀中期まで建築が停滞していた．南ドイツとオーストリアは熱心なカトリック教国で，バロックには直ちに共鳴したが，初期のバロック建築はイタリア人建築家によって建てられていた．

17世紀末からドイツ人建築家の活動が始まり，ヤーコプ・プランタウアー（1658-1726，**図 295・296**）はもっぱら修道院専門の建築家として各地をめぐった．主要都市では，ドレスデンのダニエル・ペッペルマン（1662-1736，**図 297**）とゲオルク・ベール（1666-1738，**図 302**），ベルリンのアンドレアス・シュリューター（1664頃-1714），ヴュルツブルクのバルタザール・ノイマン（1687-1753，**図 300**），ウィーンのヨハン・ベルンハルト・フィッシャー・フォン・エルラッハ（1656-1723，**図 298・299**）とヨハン・ルーカス・フォン・ヒルデブラント（1668-1745，**図 301**），プラハのヨハン（1663-1726）およびキリアン・イグナツ（1689-1751）その他のディーンツェンホーファー一族が活動した．またフィッシャー・フォン・エルラッハは，最初の建築史書といわれる図集『歴史的建築の構想』（1721）を著し，直ちにフランス・イギリスで注目された．

3.2 バロック建築

図 295　メルクの修道院（1702-36，プランタウアー）
ドナウ河畔に立つ劇的な構成の修道院．教会堂正面にはヒョウタン型の屋根をもつ双塔が立ち，前方に延びた両翼屋はパラーディオ・モチーフで結ばれている．

図 296　メルクの修道院聖堂内部
大オーダーのピラスター，ボッロミーニ風に湾曲したエンタブラチュア，大きな高窓，豊かな彫刻装飾が，全欧に知られたこの豪華な修道院聖堂を飾っている．

図 297 ツヴィンガー階段室（ドレスデン，1709-22，ペッペルマン）
祝祭用の大中庭を囲むオレンジ温室を兼ねたギャラリーの階段室で，ストゥッコ細工の豊かな彫刻装飾で飾り立ててある．

図 298 カールスキルヘ（ウィーン，1716-33，フィッシャー・フォン・エルラッハ）
二本の記念柱を立てた幅の広い正面の障壁と両端の角塔，高いドラムと楕円形窓をもつドーム，楕円形平面の身廊，長方形の内陣など，類例のないほど多種多様な要素を活気ある構成にまとめ上げている．

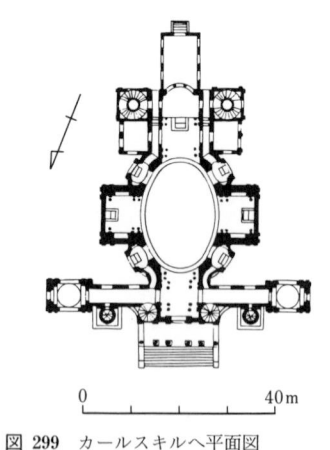

図 299 カールスキルヘ平面図
楕円形平面の身廊部，左右の方形の礼拝堂，長方形の内陣部，湾曲したスクリーンの背後に置かれた後陣．古代からバロックにわたるイタリア建築の諸要素を完全に消化し活用した独創的構想．

3.2 バロック建築

図 300 ヴュルツブルク司教邸階段室（1737-42，ノイマン）
司教君主の宮殿の「皇帝階段」．高欄の親柱の上に古代的な瓶や動きのある彫像が並ぶ．天井画はイタリアの巨匠ティエポロが1752-53年に描いた．

図 301 オーベレス・ベルヴェデーレ宮殿（ウィーン，1721-22，ヒルデブラント）
ウンテレス・ベルヴェデーレ（1714-16）と一対をなす宮殿で，壮大な庭園に面し，さまざまな要素で賑やかに飾り，多様な形の屋根の起伏を巧みにまとめている．

図 302 フラウエンキルヘ断面図（ドレスデン，1722-43，1945破壊，修復中，ベール）
ドームまで砂岩でつくられた特異なプロテスタント教会堂．立体的に構成された内部は劇場のようで，四隅の階段室から合唱席に上る．

バイエルンのエーギト・クヴィリン・アザム（1692-1750）およびコスマス・ダミアン・アザム（1686-1739）の兄弟は，多くのダイナミックなバロック祭壇を制作したのち，ミュンヘンのザンクト・ヨハン・ネポムク聖堂（図303）の建造にその生涯をかけた．

図303 ザンクト・ヨハン・ネポムク聖堂（ミュンヘン，1733-50年，アザム兄弟）彫刻家の兄と画家・建築家の弟が自費で自宅の隣りに建造した教会堂．建築・彫刻・絵画が融合した幻想的な空間で，光と色彩の効果がすばらしい．

3.2.7 スウェーデン・スペインのバロック建築

北方のスウェーデンでは，ローマとパリで学んだニコデムス・テッシン（1645-1700）が，ストックホルム王宮（図304）を抑制されたベルニーニ風の様式で建てた．他方，カトリック信仰の盛んなスペインでは，過剰な装飾を好む伝統もあり，バロック建築が熱心に受け入れられた．ナルシソ・トメー（1690頃-1742）のトレド大聖堂のトラスパレンテ（図305），グラナダのカルトハの聖器室（図306），フェルナンド・デ・カサス・イ・ノヴォア（1794没）のサンティアゴ・デ・コンポステラ大聖堂の正面（図307）などがスペイン・バロックの代表作にあげられる．

17世紀末から18世紀初頭にかけて，ホセ・ベニト・チュリゲラ（1665-1725）

3.2 バロック建築

を代表とするチュリゲラ兄弟がバロック派の中心的人物だったため，この時期の装飾的バロックをスペインでは「チュリゲレスコ様式」と呼ぶ．スペイン・バロックの装飾の熱狂的な激しさは，他のヨーロッパ諸国には見られないもので，この国の芸術の特色をよく示している．とくに総鍍金した豪華な祭壇はほとんどすべての教会堂に見出される．

図 304 ストックホルム王宮（1690-1704，テッシン）
伝統的な方形中庭型の邸館に一部分だけ大オーダーを適用しているが，その他の外壁はバロック的な誇張がいっさい見られない抑制された外観を示している．

図 305 トレド大聖堂のトラスパレンテ（1721-32，トメー）
主祭壇の背面の周歩廊につくられた大祭壇で，中央に聖餐用のパンを置く穴が内陣まで貫通しており，周囲をおびただしい彫刻装飾で飾ってある．周歩廊上部に設けた窓から採光しているので照明は十分だが，彫刻装飾があまりに混みいっているため，個々の要素をほとんど見分けることができない．

図 306 カルトハの聖器室（グラナダ，1730-47，アレヴァロおよびヴァスケス）
カルトゥジオ会修道院の聖器室．壁面も柱も，折り曲げ，積み上げたストゥッコ細工の無数のクリカタと渦巻装飾で埋め尽くされた特異な室内．中南米植民地からの影響があるといわれる．

図 307 サンティアゴ・デ・コンポステラ大聖堂正面（1738-49，カサス・イ・ノヴォア）
12世紀のロマネスク聖堂の正面の彫刻を保護するため，古い聖堂を包む鞘堂として建てられた．大ガラス窓を中心に濃密な装飾を丹念に積み上げていくスペイン・バロックの代表的大作．

3.3　ロココ建築

3.3.1　ロココの発生と技法

　ルイ14世時代の鍍金した豪華な装飾に対する反動から，17世紀末には，オーダーの使用をやめて，縁取りした薄肉彫りの木製パネルを張った室内が現れるようになった．ルイ15世時代（1715-74）には，ヴェルサイユ宮殿でも，しばしば大きな部屋が小部屋に分割され，新しい様式に改装された．住宅でも，サロンとかブードワールと呼ばれる比較的少人数の人々が集まる優雅な小部屋が好まれるようになり，部屋の隅に丸みをつけたり，楕円形の部屋をつくったりして，柔らかな雰囲気を出すようにした．

　1715年頃から「ロカイユ」という不規則に湾曲した抽象的な浮彫装飾（図308）が，ジル・マリ・オップノール（1672-1742），ジュスト・オレール・メッソニエ（1693-1750），ジェルメン・ボフラン（1667-1754）らによって工夫され，堅苦しい古典装飾に飽きた人々に大いに歓迎された．オーダーを用いなくなったため，壁はパネルの連続となり，戸口や鏡やアルコーブの上部はアーチ形に縁取られ，壁や天井へと曲面でなめらかに移行するようになった．その結果，室内各部の区画があいまいになり，全体が一体化されるようになった．

図308　ロカイユ装飾
一見，植物，骨，二枚貝の接合部，サンゴ，崩れ落ちる波頭，タツノオトシゴなどに似ているが，実は何ものも模写していない非対称形の抽象彫刻である．木材・ストゥッコなどでつくられる．18世紀中期のドイツの作例．

薄浮彫の木製のパネルは，薄くワニスをかけて生地仕上げにしたり，白色に塗って縁取りに金線を入れた．こうしたパネルの縁取りにロカイユ装飾が適用され，パネルの一部には流行の風俗画が描き込まれた．ロカイユそのものも，しばしばリボンで飾った花飾り・葉飾り・貝殻装飾などで飾られた．ロココの邸館では，建物の外観でもオーダーを除去するか控えめにし，内部とは対比的な簡素な表現をめざすようになった．ロココの建築は，バロックの儀礼的な宮廷趣味から離れて，より私的で個人的な快適さを求める傾向の現れであり，建築全般，とくに住宅建築の平面計画や設備の合理化に強い影響を与えた．

ロココは急速にイタリア，ドイツ，スペインにも普及し，とくにバロックの導入が遅れたドイツではバロックとロココが混合し，ロカイユ装飾を積極的に活用した特異なバロック様式として発展した．建物のストゥッコ仕上げの外壁がしばしばパステルカラーの黄・緑・青・ピンクなどの柔らかい色に塗られるのもロココ時代の顕著な特色である．

3.3.2 ロココ建築の展開

ロココ期のパリの邸館は，バロック期と同様に表通りからは目立たないが，中庭を中心に機能別に入念に細分化された小室が配置されるようになり，生活上の利便が大いに進んだ．邸館の外壁はきわめて簡素淡泊に仕上げられ，古典モチーフは目立たない．ジャン・クールトンヌ（1671-1739）が設計したパリのオテル・ド・マティニョンはその代表例である（図309・310）．しかし，室内は一転して華麗優雅に装飾され，ボフラン設計のスービーズ邸の室内装飾（図311）は最も優れたロココの実例として知られている．

また壮大なバロック宮殿の庭園内に狩りの小屋とかくつろぎの場所として小規模なロココの建物が建てられた．フランソワ・キュヴィエ（1698-1768）がデザインし，ミュンヘンのニュンフェンブルク宮の庭園内に建てられたアマリーエンブルク（図312）や，ゲオルク・フォン・クノーベルスドルフ（1699-1753）のポツダムのサン・スーシ宮（1745-46）はその好例である．

フランスのロカイユ装飾は主として木製で，比較的薄く細く，線的で優雅であるが，ドイツのロカイユ装飾は通例ストゥッコ細工で，肉厚で太く，より彫塑的でダイナミックである．これは，石材に乏しいドイツでは早くからストゥッコ細工が普及していたためで，南バイエルンのヴェッソブルンのように村民の大半が

ストゥッコ職人という集落もあった．

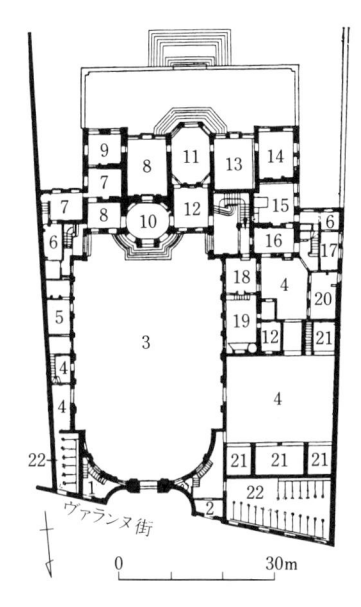

図 309 オテル・ド・マティニョン平面図（パリ，1722-24，クールトンヌ）
大中庭側の正面と庭園側前面がそれぞれ対称形を保ち，実用に徹した綿密な平面計画が行われている．1：門番室．2：馬具．3：大中庭．4：中庭．5：事務室．6：便所．7：主室．8：控室．9：私室．10：玄関ホール．11：サロン．12：食堂．13：客間．14：客室．15：寝室．16：礼拝堂．17：納戸．18：従僕室．19：厨房．20：雑用室．21：馬車庫．22：厩舎．

図 310 オテル・ド・マティニョン庭園側
揃えた隅石をつけただけで，オーダーを用いず，中央部の突出もペジメントもきわめて控えめである．テラスに面して，床まで開くいわゆる「フランス窓」が五つ設けられている．

図 311 スービーズ邸「冬の間」(パリ, 1735-40, ボフラン)
縁どりをしたパネル, 鏡, 彫像, ロカイユ装飾で飾られた室内. 白を基調とした「夏の間」に対し, 極彩色の絵画パネルなどの豊かな色彩で温かみを出している. ボフランはアルドアン・マンサールの弟子で, エンジニア・著述家としてもすぐれていた.

図 312 アマリーエンブルクの「鏡の間」(ミュンヘン, 1734-39, キュヴィエ)
ニュンフェンブルク宮庭園内の小休憩所の中央を占める直径10mの円形広間. 戸口と窓を除く十個のパネルにアーチ形の鏡がはめ込まれている. ロカイユ装飾は一見にぎやかであるが, 部屋のスケールに合わせて比較的細めにつくられており, 意外に落ち着いた雰囲気がある.

3.3 ロココ建築

　教会堂建築でも、ルネサンス・バロック時代の水平垂直の明確な区分やオーダーの役割が弱められ、堂内全体をできるだけ連続的・一体的な空間として表現するようになった。こうした特色は、とくにドイツとオーストリアの建築に顕著に見られる。ヨハン・ミヒャエル・フィッシャー（1692-1766）は、ストゥッコによるロカイユ装飾の名手ヨハン・ミヒャエル・ファイヒトマイヤー（1709頃-72）と協力してドイツ南西部にオットーボイレン修道院聖堂（図313・図314）とツヴィーファルテン修道院聖堂（1740-65）を建て、建築・絵画・彫刻の完全な融合を達成した。中部のフランケン地方では、バルタザール・ノイマンがフィアツェーンハイリゲン巡礼教会堂（図315・316）で、大きな窓で明るく照らされた和やかなロココ的空間を完成している。ファイヒトマイヤーと同郷のドミニクス・ツィンマーマン（1685-1766）も、ヴィースキルヘ（図317）でドイツ・ロココの極致ともいわれる巡礼教会堂を建てた。

図 313 オットーボイレン修道院聖堂、シュヴァーベン、1737-66、フィッシャーとファイヒトマイヤー
　身廊部・交差部・内陣部にストゥッコの曲面ヴォールト天井を架け、くすんだ天井画とダイナミックなロカイユ装飾がみごとに建築とバランスしている。

図 314 オットーボイレン修道院聖堂外観
　各端部が丸められ、正面の細い双塔には強く屈曲したヒョウタン型の屋根がかかっている。

図 315　フィアツェーンハイリゲン巡礼教会堂
　　　　（フランケン，1743-72，ノイマンとファイヒトマイヤー）
　なめらかに起伏するヴォールト天井は，木摺下地にストゥッコ仕上げで，ロカイユ装飾で縁どりされ，身廊中央部に十四聖人の彫像で構成された祭壇がある．

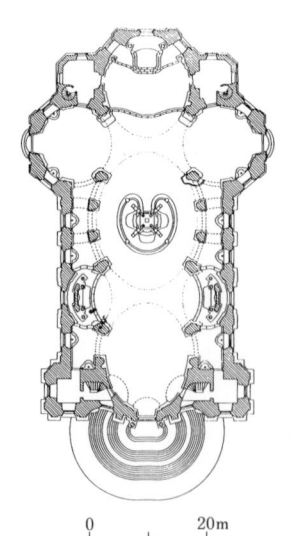

図 316　フィアツェーンハイリゲン巡礼教会堂平面図
　三つの楕円形を並べた身廊部と内陣部，円形の袖廊部が流動的に結合され，変化に富んだ側廊部分が形成されている．身廊部と側廊部が列柱で分離される形式から二重殻構造への変化が見られる．

図 317 ヴィースキルヘ（シュタインハウゼン，1745-54，ツィンマーマン）
楕円形の身廊に長方形の内陣．高い周歩廊で身廊が二重殻構造となり，ロカイユだけでなく，アーチそのものまでが屈曲する．素朴な外観と対比的な華麗な内部である．

　スペインでは，いち早くロココに反応したが，ロカイユ装飾そのものはあまり好まれず，バロック的な装飾が彫りの浅い流動的なものに変化した．ムルシア大聖堂の正面（**図 318**）やヴァレンシアのドス・アグアス侯爵邸の玄関（**図 319**）などが最もよくそうした傾向を表している．

図 318 ムルシア大聖堂正面（1741-54，ボルト・イ・ミリア）
バロックの正面を受け継いでいるが，全面的に彫りが浅く，輪郭が柔らかくなり，なごやかで流動的な表現を形づくっている．

図 319 ドス・アグァス侯爵邸玄関（ヴァレンシア，1740-44，ブロカンデル）
町を流れる二つの川と名産品の絹織物をテーマとしたロココ装飾の玄関．一階部分は石造だったが，二階部分のロカイユは初めは壁画で，1867年にストゥッコ彫刻に改造された．

イタリアではベルナルド・アントニオ・ヴィットーネ（1702-70）が，グアリーニのバロック的な集中形式をロココ化して，トリノのサンタ・マリア・ディ・ピアッツァ聖堂（図320）のような教会堂をつくった．これを最後として，イタリアはパラーディオ主義を中心とする古典主義に回帰していった．しかし，フランスで学んだバルトロメオ・ラストレッリ（1700-71）のようなイタリア人建築家がロシアで活動し，サンクト・ペテルスブルグの冬宮殿（図321）のような，オーダーの役割を復活させたロココの宮殿建築を建てている．

3.3.3 バロック・ロココ以後

バロックとロココは西欧の王朝時代を飾る最後の独創的様式であった．18世紀半ばには，科学的合理主義と批判的精神で貴族的伝統と教会の権威に反抗する啓蒙主義，農業革命による農民の都会への大移動，技術革新にもとづく産業革命が起こり，西欧社会の基盤が大きく揺らいで，近代社会が開始される．

バロックとロココの世界を退けたのは，科学的合理主義と自由の精神であった．一方では，それは，古代建築の科学的研究，すなわち考古学から出発して，

3.3 ロココ建築

図 320 サンタ・マリア・ディ・ピアッツァ聖堂
（トリノ，1751-68，ヴィットーネ）
正方形の身廊部のペンデンティヴ上部とドーム裾が丸くえぐり抜かれ，ドームを包む方形のドラムの四隅がのぞいている．内陣部は小さい正方形に八角ドームをかけている

図 321 冬宮殿正面中央部（サンクト・ペテルスブルグ，1754-62，ラストレッリ）
現エルミタージュ美術館本館．パステル調の明るい青緑色の壁，白い戸口まわりと窓まわり，下層に配した半円柱の列が特色．ピクチャレスクな建築として知られた．

真の古代精神を新しい形態に生かそうとするアカデミックな新古典主義の建築として現れた．他方では，それは，旧来の束縛を一擲して，自由で絵画的な造形を楽しむピクチャレスクの建築として広まっていった．しかし，その後，少なくとも一世紀半の間，建築は，古代ギリシア・ローマからのバロックまでの建築の歴史をふたたび繰り返すような形で，リバイバルの時代に入っていく．思想，技術，社会の変化は，必ずしも直ちに建築の外観には現れなかった．

その理由の第一は，フランス革命とナポレオン戦争を経て，議会制民主政治が少しずつ進展し始めたヨーロッパにおいても，基本的には王朝と貴族が支配する君主制が第一次世界大戦まで続いていたからである．建築という名に値する建造物の様式は，王朝や時代の支配者たちが生み出すものであり，建築は歴史的に公認された何らかの様式をもたなければならないという信念は容易にくつがえすことはできなかった．また，耐久性と芸術性を第一に重んずる建築という技芸の本質から，そうした信念には十分に健全な根拠があった．

それゆえ，産業革命時代のエンジニアが新たにつくり出していた吊橋，鉄橋，工場，倉庫，鉄道駅，鉄とガラスの建築は，長い間支配層からも一般市民からも正当な建築とはみなされなかった．古代・中世・近世の各時代に，それぞれの時代が全力をあげて築いた建造物とそれらの建築様式の独特の芸術的魅力と時の試練を経た安定した耐久力が，強く人々の心をとらえ続けていたからである．

他方，産業革命によって急速に人口が増大した都市環境の悪化は深刻化するばかりで，その改善が緊急の課題となっていた．しかし，旧体制をあくまで死守しようとする王侯貴族，無制限に自由な活動を求める新興の富裕市民階級と事業家たち，ただ理想だけを追う無力な知識階級，劣悪な生活条件に苦しみ続ける労働階級の間の四つ巴の激烈な闘争が社会制度の変革を遅らせ，都市問題を解決するために必要な私権の制限は19世紀半ばになるまでどの国も法制化することができなかった．

また，技術全般の発展はめざましかったが，個々の技術の進展のスピードはまちまちであり，ガス・水道・電気・水洗便器・エレベータ・電車・地下鉄・自動車など，近代の都市生活に不可決の技術や機械設備がすべて出揃うのは19世紀末，1890年前後になってからのことであった．

このような社会条件のもとで，新しい時代が必要とする複雑化した建築的課題を解決するには，単一の様式ではとうてい対応できず，19世紀の建築家たちは，

様式の折衷とピクチャレスクの美学による統合に活路を求めた．複雑化する建築に対応する合理的でわかりやすい平面計画，建築家と建主を同時に満足させる形式や様式の研究も熱心に行われた．また外見上目立たない形で，鋳鉄柱，鉄骨小屋組，耐火床，ガラス屋根，給排水設備などのエンジニアの新技術をこまめに建物に取り入れていった．こうした苦心と努力の結果，時代の混乱にもかかわらず，19世紀の建築は驚くほど多数の優れた建築を生み出すことに成功したのである．

19世紀末から，過去様式と断絶した建築が積極的に考案され，建築の世界は一変するが，今日振り返ってみれば，20世紀建築は必ずしもすべての点で19世紀建築の矛盾を解決したわけではなく，芸術性や社会性の面でも文句なしに19世紀建築を凌ぎ，社会との一致を完全に果たしたとはいえない．

これらの問題は，改めて「近代建築史」で考察することにしよう．

演習問題

1章　西洋古代の建築

1. エジプト神殿の主要な構成要素をあげて説明せよ．
2. 古代オリエントの建築の特色を記せ．
3. ギリシアのドリス式神殿の構成について説明せよ．
4. ローマの浴場建築について例をあげて説明せよ．
5. 初期キリスト教建築について説明せよ．
6. 以下の事項につき，簡潔に説明せよ．
    1) マスタバ．2) ピラミッド・コンプレックス．3) 多柱室．4) パイロン．5) 岩窟墓．6) ジグラット．7) イワーン．8) メガロン．9) ドリス式オーダー．10) イオニア式オーダー．11) コリント式オーダー．12) アクロポリス．13) アゴラ．14) ストア．15) プリエネ．16) ティムガド．17) フォルム．18) バシリカ．19) 記念門．20) ポンペイ式住宅．21) オスティア式住宅．22) ハイポコースト．23) キルクス．24) 闘技場．25) ヴィッラ．
7. 以下の建物について簡潔に説明せよ．
    1) サッカラの階段ピラミッド．2) ハトシェプスト女王葬祭殿．3) カルナックのアンモン大神殿．4) マディナト・ハブー．5) アブ・シンベル大神殿．6) テル・エル・アマルナの住宅．7) ホルサバードの宮殿．8) イシュタル門．9) ペルセポリスの宮殿．10) テシフォンの宮殿．11) サルヴィスタンの宮殿．12) クノッソス宮殿．13) ミュケナイの獅子門．14) アトレウスの宝庫．15) パエストゥムのバシリカ．16) パルテノン．17) エレクテイオン．18) ディデュマのアポロ神殿．19) リュシクラテスの記念碑．20) エピダウロスの劇場．21) ガールの水道橋．13) フォルム・ロマヌム．14) ティトゥスの記念門．15) セプティミウス・セウェルスの記念門．16) トライアヌスのフォルム．17) トライアヌスのマーケット．18) トライアヌスの記念柱．19) メゾン・カレー．20) パンテオン（ローマの）．21) バールベックの大神殿．22) カラカラの浴場．23) コンスタンティヌスのバシリカ．24) コロッセウム．25) マルケッルスの劇場．26) ローマ皇帝の宮殿（ローマの）．27) スパラトのディオクレティアヌスの宮殿．28) ハドリアヌスのヴィッラ．29) 旧サン・ピエトロ大聖堂．30) ハドリアヌス廟（カステル・サンタンジェロ）．31) サンタ・コスタンツァ聖堂．

2章 西洋中世の建築

1. ビザンティン建築の特色を説明せよ．
2. イスラム建築の特色を説明せよ．
3. ロマネスク建築の特色を説明せよ．
4. フランスの初期ゴシックと盛期ゴシックの大聖堂を比較して説明せよ．
5. 以下の事項につき，簡潔に説明せよ．
   1) トロンプ．2) ペンデンティヴ．3) ミーラブ．4) ミナレット．5) 修道院．6) 二重内陣式教会堂．7) ノルマン建築．8) 尖りアーチ．9) リブ・ヴォールト．10) 飛梁（フライング・バットレス）．11) 四層構成．12) 三層構成．13) 六分ヴォールト．14) 四分ヴォールト．15) 広間式教会堂（ハレンキルへ）．16) レイヨナン式ゴシック．17) フランボワイヤン式ゴシック．18) 初期イギリス式ゴシック．19) 装飾式ゴシック．20) 垂直式ゴシック．21) ファン・ヴォールト．22) ハーフ・チンバー．23) 集中式城郭．
6. 以下の建造物につき，知っていることを記せ．
   1) アヤ・ソフィア聖堂．2) サン・ヴィターレ聖堂．3) サン・マルコ大聖堂．4) 聖バシリウス大聖堂．5) ダマスクスの大モスク．6) コルドバの大モスク．7) スルタン・ハッサンのモスク．8) アーメット1世のモスク．9) アルハンブラ宮殿．10) タージ・マハル．11) アーヘンの宮廷礼拝堂．12) サン・セルナン聖堂．14) サン・フロン聖堂．15) サンテチエンヌ聖堂．16) ダラム大聖堂．17) ヴォルムス大聖堂．18) サンタンブロージョ聖堂．19) ピサ大聖堂．20) サン・ドニ修道院聖堂．21) ラン大聖堂．22) パリ大聖堂．23) シャルトル大聖堂．24) ランス大聖堂．25) アミアン大聖堂．26) サント・シャペル．27) アルビ大聖堂．28) ソールズベリ大聖堂．29) グロスター大聖堂．30) キングズ・カレッジ礼拝堂．31) ケルン大聖堂．32) ウルム大聖堂．33) シュテファンスドーム（ウィーン大聖堂）．34) ヘロナ大聖堂．35) セヴィリア大聖堂．36) シエナ大聖堂．37) ミラノ大聖堂．38) シエナ市庁舎．39) ヴェネツィア総督宮．40) ジャック・クェール邸．41) ドーヴァー城．

3章 西洋近世の建築

1. ルネサンス建築とバロック建築を比較した対照表を作成せよ．
2. ルネサンス・バロックのイタリア建築と他の西欧諸国の同じ様式の建築はどのような点で異なっているか．
3. 以下の建築家につき，その主要な業績を述べよ．
   1) ブルネッレスキ．2) アルベルティ．3) ブラマンテ．4) ラッファエッロ．5) ミケランジェロ．6) ジュリオ・ロマーノ．7) ヴィニョーテ．8) デッラ・ポルタ．9) ヴァ

演習問題　　　　　　　　　　　　　　　　171

ザーリ．10) サンソヴィーノ．11) パラーディオ．12) レスコー．13) フロリス．14) ホル．15) イニゴー・ジョーンズ．16) マデルノ．17) ベルニーニ．18) ボッロミーニ．19) ロンゲーナ．20) グアリーニ．21) ユヴァッラ．22) フランソワ・マンサール．23) ルヴォー．24) ル・ノートル．25) アルドアン・マンサール．26) レン．27) ヴァンブラ．28) フィッシャー・フォン・エルラッハ．29) ボフラン．30) ノイマン．

4. 以下の事項につき，簡潔に説明せよ．
1) ルスティカ．2) タイ・ロッド．3) パラッツオ．4) 集中形式．5) 単廊式教会堂．6) マニエリスム．7) プラテレスコ様式．8) 皇帝階段．9) エリザベス様式．10) ジャコビアン様式．11) パラーディオ・モチーフ．12) 長堂形式．13) 大オーダー．14) マンサード屋根．15) ロンドン計画（レン）．16) 三重殻ドーム．17) ロカイユ．

5. 以下の建造物について簡単に説明せよ．
1) フィレンツェ大聖堂のドーム．2) 捨子保育院．3) サント・スピリト聖堂．4) パラッツオ・メディチ．5) パラッツオ・ルチェッライ．6) マラテスタの神殿．7) マントヴァのサンタンドレア聖堂．8) パヴィアのチェルトーザ．9) サンタ・マリア・デッレ・グラーツィエ聖堂．10) テンピエット．11) ラッファエッロの家．12) パラッツオ・ファルネーゼ．13) メディチ家廟．14) ロレンツォ図書館．15) パラッツオ・マッシモ．16) パラッツオ・デル・テー．17) ジュリオ・ロマーノ自邸．18) パラッツオ・デッリ・ウッフィッツィ．19) サン・マルコ図書館．20) パラーディオのバシリカ．21) ヴィラ・ロトンダ．22) サン・ジョールジョ・マッジョーレ聖堂．23) カンピドリオ広場．24) ブロワの城館のフランソワ1世の翼屋．25) シャンボールの城館．26) レスコーのルーヴル宮．27) セヴィリア市庁舎．28) カルロス5世宮殿．29) エル・エスコリアル宮殿．30) アントワープ市庁舎．31) アウクスブルク市庁舎．32) ウォラトン・ホール．33) バンケッティング・ハウス．34) クィーンズ・ハウス．35) サン・ピエトロ大聖堂．36) スカラ・レジア．37) パラッツオ・キージ・オデスカルキ．38) サン・カルリーノ聖堂．39) サンタ・マリア・デッラ・サルーテ聖堂．40) パラッツオ・カリニャーノ．41) ラ・スペルガ．42) スペイン階段．43) トレーヴィの噴泉．44) メゾンの邸館．45) ヴォー・ル・ヴィコントの邸館．46) ヴェルサイユ宮殿．47) オテル・ド・ボーヴェー．48) アンヴァリッドのドーム．49) セント・ポール大聖堂．50) ブレニム宮．51) カールスキルへ．52) ドレスデンのフラウエンキルへ．53) ザンクト・ヨハン・ネポムク聖堂．54) トラスパレンテ．55) カルトハの聖器室．56) オテル・ド・マティニョン．57) スービーズ邸．58) フィアツェーンハイリゲン巡礼教会堂．

図版出典一覧

Aerofilms：図 *278*，図 *288*.
Alinari, Firenze：図 *150*，図 *194*，図 *196*，図 *199*，図 *203*，図 *204*，図 *206*，図 *210*，図 *216*，図 *217*，図 *221*，図 *222*，図 *226*，図 *255*，図 *254*，図 *253*，図 *259*，図 *261*，図 *273*，図 *275*.
Altman, Chas.：図 *19*.
Anderson, Roma：図 *114*，図 *191*，図 *192*，図 *202*，図 *219*，図 *262*，図 *276*.
Andrews：図 *277*，図 *311*.
Aragozzini：図 *212*.
Arch. Photo.：図 *197*，図 *281*.
Badawy, A.：図 *2*.
Beyer, Klaus G.：図 *116*.
Braham, Allan：図 *321*.
Bundesdenkmalamt, Vienna：図 *301*.
Cash, J. Allen：図 *3*，図 *34*.
Chevrier：図 *9*.
Choisy, Auguste：図 *107*，図 *151*.
Clarendon Press, Oxford：図 *122*.
Courtauld Institute, London：図 *184*，図 *263*，図 *287*.
Conant, K.J.：図 *140*.
Country Life：図 *249*，図 *294*.
Crossley, F.H.：図 *176*.
Darby, Hamilton：図 *17*.

Deutsche Fotothek, Dresden：図 *185*，図 *302*.
Devinoy, Pierre：図 *155*.
Dinsmoor, W.B.：図 *39*，図 *46*.
Donat, John, London：図 *41*.
Egypt Expedition Society：図 *14*.
Evans, Arthur：図 *29*.
Fletcher, Banister：図 *8*，図 *58*，図 *59*，図 *63*，図 *89*，図 *78*，図 *72*，図 *82*，図 *88*，図 *69*，図 *81*，図 *75*，図 *93*，図 *146*，図 *148*，図 *184*，図 *182*，図 *188*，図 *191*，図 *238*，図 *288*，図 *289*，図 *290*，図 *291*.
Fotocielo, Roma：図 *87*，図 *102*，図 *103*.
Fototeca Unione：図 *77*，図 *95*，図 *193*.
Foto Marburg：図 *164*，図 *277*，図 *296*，図 *319*，図 *315*.
Frantz：図 *33*，図 *54*.
GAI, Roma：図 *104*.
Gardin, Alberto Berengo：図 *79*.
Gebr. Metz：図 *317*.
G.F.N.：図 *213*，図 *223*.
Giraudon：図 *173*.
Graham, J.W.：図 *29*.
Herrard：図 *286*.
Homolle, T.：図 *56*.
HM Stationary Office：図 *251*.

図版出典一覧

Hirmer Fotoarchiv, München:図 31, 図 109.
Keetman:図 247.
Kersting, A.F.:図 147, 図 158, 図 178, 図 181, 図 283, 図 280, 図 300, 図 317, 図 318.
Kidder-Smith, G.E.:図 38, 図 76, 図 110, 図 121, 図 125, 図 167, 図 266, 図 269, 図 270.
Kraus, T.:図 64, 図 90, 図 97.
Krischen:図 48.
Kunstgesammlungen Augsburg:図 248.
熊本大学環地中海建築遺跡調査団:図 44, 図 50.
Journal of Egypt. Archael. 8, 1922:図 15.
Journal of the AIA, Aug. 1917:図 252.
Lange & Hirmer:図 7.
Lauer, J.P.:図 4.
Lawrence, A.W.:図 29, 図 32, 図 55, 図 52.
Lieberman, Ralph:図 208.
Martin, R.:図 53.
Mas, Barcelona:図 187, 図 189, 図 240, 図 305, 図 306.
Metropolitan Museum of Art, New York:図 10.
Müller:図 300.
Museo della Civiltà Romana:図 86, 図 92.
National Buildings Record:図 176, 図 180.
Oriental Institute, Chicago:図 24, 図 25.
Palladio:図 229.
Pevsner, Nikolaus:図 161, 図 169, 図 257.
Pollitzer:図 168, 図 215.
Pope:図 129.
RCHME:図 250.
Renger-Patzsch:図 297.
Robertson, D.S.:図 37, 図 74.
Robinson, D.M.:図 55.
Roubier, Jean:図 61, 図 137, 図 141, 図 145, 図 157, 図 159, 図 163, 図 171.
Royal Nowegian Embassy, London:図 154.
SBB:図 35, 図 183.
Schmidt-Glassner, Helga:図 70, 図 148, 図 237, 図 274, 図 295, 図 298, 図 313.
Schneiders, Toni:図 314.
Simpson, 1905:図 60.
Smith, Edwin:図 96, 図 174, 図 177.
Smith, W.S.:図 1, 図 14.
Stierlin, Anne & Henri:図 90, 図 91, 図 123.
Swift, E.H.:図 108.
Thames & Hudson:図 143.
Tiers:図 130.
United Photos De Boer b.v. Haalem:図 244.
Vienna/photo Eva Frodl-Kraft:図 301.
Vincent:図 206, 図 265.
Vorderasiasiatisches Museum, Berlin:図 21.
Ward:図 159, 図 285.
Wood, Roger:図 30, 図 31.
Woolley, L.:図 18.

邦語参考文献

事　典：

ニコラウス・ペヴスナー他著・鈴木博之監訳『世界建築事典』鹿島出版会，1984．

『建築大事典』第 2 版，彰国社，1993．

図　集：

アンリ・ステアリン著・鈴木博之訳『図集　世界の建築』上・下，鹿島出版会，1979．

日本建築学会編『西洋建築史図集・三訂版』彰国社，1981．

鈴木博之編『図説年表・西洋建築の様式』彰国社，1998．

通　史：

小林文次，藤島亥治郎，堀内清治，桐敷真次郎共著『新訂・建築学大系 5：西洋建築史』彰国社，1968．

F. バウムガルト著・杉本俊多訳『西洋建築様式史』上・下，SD 選書 176，177，鹿島出版会，1983．

ニコラウス・ペヴスナー著・小林文次，山口廣，竹本碧訳『新版・ヨーロッパ建築序説』彰国社，1989．

飯田喜四郎・小寺武久監訳『フレッチャー「世界建築の歴史」』西村書店，1996．

熊倉洋介，末永航，羽生修二，星和彦，堀内正昭，渡辺道治共著『西洋建築様式史』美術出版社，1995．

西田雅嗣著『ヨーロッパ建築史』昭和堂，1998．

クリスチャン・ノルベルグ・シュルツ著・前川道郎訳『西洋の建築―空間と意味の歴史』本の友社，1998．

三宅理一著『ドイツ建築史』上・下，相模書房，1981．

丹下敏明著『スペイン建築史』相模書房，1979．

熊本大学環地中海建築遺跡調査団『地中海建築』I，II，III，日本学術振興会，1979．補遺 IV，1993．

ジョン・サマーソン著・鈴木博之訳『天上の館』SD 選書 66，鹿島出版会，1972．

ニコラウス・ペヴスナー著・鈴木博之，鈴木杜幾子訳『美術・建築・デザインの研究』(1)，鹿島出版会，1980．

古　代：

シートン・ロイド，ハンス・ヴォルフガンク・ミュラー著・堀内清治訳『図説世界建築史 2：エジプト・メソポタミア建築』本の友社，1997．

ジャン・ルイ・ド・スニヴァル，アンリ・ステアリン著・尾形禎亮訳『世界の建築：エジプト』美術出版社，1964．

小林文次郎著『建築の誕生―メソポタミアにおける古拙建築の成立と展開』相模書房，1959．

太田静六著『ペルセポリス』相模書房，1960．

ロラン・マルタン著・高橋栄一訳『世界の建築：ギリシア』美術出版社，1967．

村川堅太郎編『世界の文化史蹟3：ギリシアの神殿』講談社，1967．

堀内清治編『世界の建築2：ギリシァ・ローマ』学習研究社，1982．

村田潔編『体系世界の美術5：ギリシァ美術』学習研究社，1974．

ロラン・マルタン著・伊藤重剛訳『図説世界建築史3：ギリシア建築』本の友社，2000．

M.コリニョン著・富永惣一訳『パルテノン』岩波書店，1978．

中尾是正著『図説パルテノン』グラフ社，1980．

リース・カーペンター著・松島道也訳『パルテノンの建築家たち』SD選書122，鹿島出版会，1977．

J.J.クールトン著・伊藤重剛訳『古代ギリシアの建築家』中央公論美術出版，1991．

C.A.ドクシアディス著・長島孝一，大野秀雄共訳『古代ギリシアのサイト・プランニング』鹿島出版会，1978．

オーウェンズ著・松原国師訳『古代ギリシア・ローマの都市』国文社，1992．

J.B.ウォード・パーキンズ著・北原理雄訳『古代ギリシアとローマの都市―古典古代の都市計画』井上書院，1984．

バンディネッリ著・吉村忠典訳『ローマ美術』人類の美術，新潮社，1974．

ジルベール・ピカール著・佐々木英也訳『世界の建築：ローマ』美術出版社，1966．

ジョン・ブライアン・ウォード・パーキンズ著・桐敷真次郎訳『図説世界建築史4：ローマ建築』本の友社，1996．

森田慶一訳注『ウィトルーウィウス建築書』東海選書，東海大学出版会，1979．

青柳正規著『古代都市ローマ』中央公論美術出版，1990．

渡辺道治著『古代ローマの記念門』中央公論美術出版，1997．

磯崎新＋篠山紀信著『逸楽と憂愁のローマ―ヴィラ・アドリアーナ』建築行脚3，六耀社，1981．

中 世：

I.ハッター著・越宏一，福部信敏訳『初期キリスト教美術・ビザンティン美術』ベルザー版「西洋美術全史」第4巻，グラフィック社，1978．

シリル・マンゴー著・飯田喜四郎訳『図説世界建築史5：ビザンティン建築』本の友社，1999．

A.グラバール著・辻佐保子訳『ユスティニアヌス黄金時代』人類の美術，新潮社，1969．

内井昭蔵著『ロシアビザンチン』建築巡礼19，丸善，1992

深井晋司編『大系世界の美術8：イスラー

ム美術』学習研究社，1972．

A.U. ポープ著・石井昭訳『ペルシア建築』SD選書169，鹿島出版会，1981．

ウリヤ・フォークト著・森洋子訳『世界の建築：トルコ』美術出版社，1967．

フォルバッハ，ユベール，ポシュ著・前川誠郎，森洋，吉川逸治訳『カロリング朝美術』新潮社，1970．

柳宗玄編『ロマネスク美術』大系世界の美術11，学習研究社，1972．

ハンス・エリッヒ・クーバッハ著・飯田喜四郎訳『図説世界建築史7：ロマネスク建築』本の友社，1996．

H. フォション著・神沢，長谷川，高田，加藤共訳『西欧の芸術1：ロマネスク』上・下，SD選書114，115，鹿島出版会，1976．

W. ブラウンフェルス著・渡辺鴻訳『西ヨーロッパの修道院建築』鹿島出版会，1974．

磯崎新＋篠山紀信著『中世の光と石ールトロネ修道院』建築行脚5，六耀社，1980．

飯田喜四郎・黒江光彦編『ゴシック1』世界美術大全集西洋編9，小学館，1995．

ルイ・グロデッキ著・前川道郎＋黒岩俊介訳『図説世界建築史8：ゴシック建築』本の友社，1997．

H. フォション著・神沢，長谷川，高田，加藤共訳『西欧の芸術2：ゴシック』上・下，SD選書116，117，鹿島出版会，1976．

ハンス・H. ホフシュテッター著・飯田喜四郎訳『世界の建築：ゴシック』美術出版社，1970．

飯田喜四郎著『ゴシック建築のリブ・ヴォールト』中央公論美術出版，1989．

J. ジャンペル著・飯田喜四郎訳『カテドラルを建てた人々』SD選書36，鹿島出版会，1969．

R. マーク著・飯田喜四郎訳『ゴシック建築の構造』SD選書183，鹿島出版会，1983．

藤本康雄著『ヴィラール・ド・オヌクールの画帳』SD選書72，鹿島出版会，1972．

O. フォン・ジムゾン著・前川道郎訳『ゴシックの大聖堂―ゴシック建築の起源と中世の秩序概念』みすず書房，1985．

前川道郎著『ゴシックと建築空間』ナカニシヤ出版，1978．

近 世：

ピーター・マレー著・長尾重武訳『イタリア・ルネサンスの建築』SDライブラリー8，鹿島出版会，1991．

ピーター・マレー著・桐敷真次郎訳『図説世界建築史10：ルネサンス建築』本の友社，1998．

ルドルフ・ウィットコウワー著・中森義宗訳『ヒューマニズム建築の源流（ヒューマニズムの時代の建築的原理）』彰国社，1971．

ジョン・サマーソン著・鈴木博之訳『古典主義建築の系譜』中央公論美術出版，1976．

森田義之監訳『ヴァザーリ「ルネサンス彫刻家・建築家列伝」』白水社，1989．

G.C. アルガン著・浅井朋子訳『ブルネッレスキ』SD 選書170，鹿島出版会，1981．

相川浩訳『アルベルティ「建築論」』中央公論美術出版，1982．

森雅彦編著『アルベルティ「芸術論」』中央公論美術出版，1992．

カルロ・ペドレッティ著・日高健一郎訳『建築家レオナルド』I, II, 学芸図書，1990．

小佐野重利編『ラファエッロと古代ローマ建築』中央公論美術出版，1993．

長尾重武編『ヴィニョーラ「建築の五つのオーダー」』中央公論美術出版，1984．

磯崎新＋篠山紀信著『マニエリスムの館―パラッツォ・デル・テ』建築行脚8，六耀社，1981．

ジェームズ・アッカーマン著・中森義宗訳『ミケランジェロの建築』彰国社，1976．

長尾重武著『ミケランジェロのローマ』建築巡礼5，丸善，1988．

ジェームズ・アッカーマン著・中森義宗訳『パッラーディオの建築』彰国社，1979．

福田晴虔著『パッラーディオ』鹿島出版会，1979．

桐敷真次郎編著『パラーディオ「建築四書」注解』中央公論美術出版，1986．

長尾重武著『パラディオへの招待』SD 選書222，鹿島出版会，1994．

渡辺真弓著『ルネサンスの黄昏―パラーディオ紀行』建築巡礼6，丸善，1988．

桐敷真次郎著『ベルトッティ・スカモッツィ「アンドレア・パラーディオの建築と図面」解説』本の友社，1998．

ハインリヒ・ヴェルフリン著・上松佑二訳『ルネサンスとバロック』中央公論美術出版，1993．

ピェール・シャルパントラ著・坂本満訳『世界の建築：バロック』美術出版社，1965．

土方定一編『バロック美術』大系世界の美術16，学習研究社，1972．

山田智三郎編『世界の建築7：バロック・ロココ』学習研究社，1982．

長尾重武著『ローマ―バロックの劇場都市』建築巡礼26，丸善，1993．

G.C. アルガン著・長谷川正充訳『ボッロミーニ』SD 選書217，鹿島出版会，1992．

P. ファン・デル・ルーほか著・野口昌夫訳『イタリアのヴィラと庭園』鹿島出版会，1997．

ジョン・サマーソン著・堀内正昭訳『18世紀の建築―バロックと新古典主義』SD ライブラリー16，鹿島出版会，1993．

福田晴虔著『建築と劇場―十八世紀イタリアの劇場論』中央公論美術出版，1991．

片木篤著『イギリスのカントリーハウス』建築巡礼11，丸善，1988．

索　引

【ア】

アウグストゥス廟，ローマ　54
アウクスブルク市庁舎　126,図 247,248
アーキトレイヴ（大梁）　20,25,42,図 50,51
アクロテリオン（屋根飾り）　22,図 21,45,63,65,72,75
アケメネス朝ペルシア　14
アゴラ　29,図 52
アザム，エーギト・クヴィリン　Egid Quirin Asam（1692-1750）　154,図 303
アザム，コスマス・ダミアン　Cosmas Damian Asam（1686-1739）　154,図 303
足高アーチ　73
アーチ　16,34,64,93,121
アッソスのアゴラ　図 52
アッティカ式礎盤　26
アテナ神殿，プリエネ　図 43
アテナ・ニケの神殿，アテネ　25,図 44
アテネ（ギリシア）
　　アクロポリス　22
　　アテナ・ニケの神殿　25,図 44
　　エレクテイオン　25,図 39,45
　　パルテノン　21,22,64,図 39-41
　　プロピュライア　22,図 39,42
　　リュシクラテスの記念碑　図 51
アトリウム（初期キリスト教会堂の）　図 99,103
アトリウム（住宅の）　50,図 89,90
アトレウスの宝庫，ミュケナイ　19,図 34,35
アバクス（冠板）　20,25
アハメディエ　→アーメット1世のモスク，イスタンブール
アブ・シンベル大神殿　7,図 12
アプス　図 75,83,100,109
アーヘンの宮廷礼拝堂　70,図 131
アポロドーロス（ダマスクスの）　Apollodoros of Damascus（1世紀後期-2世紀初期）図 83
アマリーエンブルク（ニュンフェンブルク宮の），ミュンヘン　158,図 312
アミアン大聖堂　89,90,96,図 165-169
アーメット1世のモスク（アハメディエ，ブルー・モスク），イスタンブール　68,図 125
アメンヘテプ4世（アケナーテン）（エジプト王）8
アヤ・ソフィア，イスタンブール　59,62,64,図 107-110
アラベスク　64,124
アルドアン・マンサール，ジュール　Jules Hardouin-Mansart（1646-1708）　143,図 282-284,286
アルハンブラ宮殿，グラナダ　68,図 126-128
アルベルティ　Leon Battista Alberti（1407-72）　108,121,図 205-209
アルビ大聖堂　92,図 171,172
アレクサンドロス大王（マケドニア王）　32
アンヴァリッドのドーム，パリ　130,図 284
アンヴェール市庁舎　→アントワープ市庁舎
アングレーム大聖堂　76
アンテミオス（トラレスの）　Anthemios of Tralles（5世紀後期-6世紀前期）　図 107-110
アントワープ市庁舎　125,図 243
アンネンキルヘ，アンナベルク　97,図 185
アンリ4世（フランス王）　142

【イ】

イオニア式オーダー　22,25,26,42,図 43,44,45,48,60,85,87,95,101,205,217,226-229,241,245,250
イオニア式礎盤　26
イクティノス　Iktinos（前5世紀）　図 40,41,48
イシドロス（ミレトスの）　Isidorus of Miletus（5世紀後期-6世紀前期）　図 107-

110
イシュタル門, バビロン　12, 図 *21*
イスタンブール (トルコ)
　　アーメット1世のモスク　68, 図 *125*
　　アヤ・ソフィア　59, 62, 64, 図 *107-110*
　　スレイマン1世のモスク　68
イスラム建築　64-70, 74
イブン・トゥールーンのモスク, カイロ　図 *123*
イムホテプ　Imhotep (前2600頃)　図 *3, 4*
イラン型モスク　67, 図 *124*
イーリ大聖堂　77, 93
イーリ大聖堂のオクタゴン　93-94
イル・ジェズ聖堂, ローマ　119, 図 *235*
イル・レデントーレ聖堂, ヴェネツィア　図 *231*
イワーン　14, 67, 70, 図 *26, 27, 124*
イワン雷帝 (ロシア皇帝)　図 *117*
インターナショナル様式　83

【ウ】
ヴァザーリ, ジョールジョ　Giorgio Vasari (1511-74)　116, 図 *225*
ヴァティカン宮殿, ローマ　111, 図 *253, 257*
ヴァティカン宮殿のスカレ・レジア, ローマ　図 *257*
ヴァンヴィテッリ, ルイージ　Luigi Vanvitelli (1700-73)　138
ヴァンブラ, ジョン　John Vanbrough (1664-1726)　148, 図 *292-294*
ヴィースキルヘ, シュタインハウゼン　161, 図 *317*
ヴィスタ (見通し)　130, 143
ヴィチェンツァ (イタリア)
　　ヴィッラ・ロトンダ　図 *229*
　　パラッツオ・キエリカーティ　図 *228*
　　パラーディオのバシリカ　図 *227*
ヴィットーネ, ベルナルド・アントニオ　Bernardo Antonio Vittone (1702-70)　164, 図 *320*
ヴィッラ　52
ヴィッラ・ロトンダ, ヴィチェンツァ　図 *229*
ウィトルウィウス　34, 108, 121
ヴィニョーラ, ジャーコモ・バロッツィ・ダ　119, 131, 図 *235*
ウィーン (オーストリア)
　　オーベレス・ベルヴェデーレ　図 *301*

カールスキルヘ　図 *298, 299*
　　大聖堂 (シュテファンスドーム)　97, 図 *186*
ウィンチェスター大聖堂　93
ウェスタの神殿, ティーヴォリ　図 *76*
ウェストミンスター・アベイのヘンリー7世礼拝堂　94
ヴェッソブルン (ドイツ)　158
ヴェッティの家, ポンペイ　図 *90, 91*
ウェヌスとローマの神殿, ローマ　42, 図 *75*
ヴェネツィア (イタリア)
　　イル・レデントーレ聖堂　図 *231*
　　カ・ドーロ　図 *196*
　　総督宮　102, 図 *195*
　　サン・ジョールジョ・マッジョーレ聖堂　図 *230*
　　サンタ・マリア・デッラ・サルーテ聖堂　図 *266*
　　サン・マルコ大聖堂　62, 図 *113-115*
　　サン・マルコ図書館　図 *226*
　　パラッツオ・ペーザロ　図 *267*
ヴェルサイユ (フランス)
　　鏡の間　図 *283*
　　宮殿　143, 図 *281-283*
　　グラン・トリアノン　図 *281, 282*
　　庭園と都市計画　143, 図 *281*
　　プチ・トリアノン　図 *282*
　　礼拝堂　図 *282*
ウェルズ大聖堂　93, 94, 図 *179*
ヴォー・ル・ヴィコントの邸館　図 *278, 279*
ヴォールト (渦巻)　25, 図 *43*
ウォラトン・ホール, ノッティンガム県　図 *249*
ヴォールト工法　34, 60, 図 *59*
ヴォールト天井　14, 16, 34, 46, 64, 73, 84, 85, 87, 93, 97, 121, 131, 134, 図 *59, 75, 84, 133, 136, 137, 140, 142, 145, 147, 150, 151, 155, 163, 166-168, 170, 176, 178-181, 184, 185, 187, 190, 208, 219, 255, 268, 271, 283, 291, 300, 303, 313, 315, 317*
ヴォルムス大聖堂　79, 図 *148, 149*
渦巻 (ヴォールト)　25, 図 *43*
ヴュルツブルクの司教邸　図 *300*
ウルネスの教会堂　81
ウル第三王朝のジグラット　12, 図 *18*
ウルム大聖堂　96, 図 *183*

索　引

【エ】

エキヌス　20,図 37,38,41,42,49
エクシター大聖堂　93,図 178
エーゲ海建築　17-19,図 29-35
エジプト建築　1-10,図 1-16
エジプト住宅　8-9,図 13,14,15,16
エジプト神殿　5-7,図 8,9,10,11,12
枝リブ　93,図 178,180,181,184,185
エトルリア神殿　34,41
エピダウロス（ギリシア）
　　劇場　図 54
　　トロス　図 50
エリザベス1世（イギリス女王）　128
エリザベス様式　128,図 249
エル・エスコリアル宮殿　124,図 242
エレクテイオン, アテネ　25,図 39,45
エレーラ, フアン・デ　Juan de Herrera
　（1530-97）図 242
エンタシス　20,22
エンタブラチュア　21,22

【オ】

王家の谷（エジプト）　7
横断リブ　84
オジー・アーチ　64
オスティアの住宅　50,図 92
オーダー　20,22,121,122,157,158,図 37,43,
　50,60,
オットーボイレン修道院聖堂, シュヴァーベン
　161,図 313,314
オップノール, ジル・マリ　Gilles-Marie
　Oppenord（1672-1742）　157
オテル・ド・スービーズ, パリ　158,図 311
オテル・ド・ボーヴェー, パリ　145,図 285
オテル・ド・マティニョン, パリ　図 309,310
オピストドモス（後部ポーチ）　20
オベリスク　10,125
オーベレス・ベルヴェデーレ, ウィーン　図 301
オリエントの建築　10-16,図 17-28
オリエントスの住居　図 55
オリンピアのゼウス神殿　図 37
オルヴィエート大聖堂　100,図 192
オルケストラ　30,48,図 54

【カ】

カイサー, ヘンドリク・デ　Hendrik de
Keyser（1565-1621）　126
階段ピラミッド（サッカラの）　2,図 3,4
カイロ（エジプト）
　　イブン・トゥールーンのモスク　図 123
　　スルタン・ハッサンのモスク　図 124
カエサルのフォルム, ローマ　図 65
河岸神殿　2
カサス・イ・ノヴォア, フェルディナンド　Fer-
　dinando Casas y Novoa（1794 没）　154,
　図 307
カステル・サンタンジェロ（ハドリアヌス廟），
　ローマ　54,図 98
カゼルタの王宮　138
ガッリ・ビビエナ, アントニオ　Antonio Galli
　-Bibiena（1697-74）　138
ガッリ・ビビエナ, ジュゼッペ　Giuseppe Galli
　-Bibiena（1695-1747）　138,図 274
ガッリ・ビビエナ, フランチェスコ　Francesco
　Galli-Bibiena（1659-1739）　138
カ・ドーロ, ヴェネツィア　図 196
ガブリエル, アンジュ・ジャック　Ange-Jac-
　ques Gabriel（1698-1782）　図 282
カフン（エジプト）　8
カラカラの浴場, ローマ　図 81
カルナックのアンモン大神殿, ルクソール　5,
　7,図 9,10
カルナックのコンス神殿, ルクソール　図 8
カールスキルヘ, ウィーン　図 298,299
カルトハの聖器室, グラナダ　図 306
カール大帝（フランク王）　70
ガールの水道橋, ニーム近傍　36,図 61
カルロス5世宮殿, グラナダ　124,図 241
岩窟墓　4,7,図 7
カン（フランス）
　　サンテチエンヌ聖堂　77,図 144-146
　　ラ・トリニテ聖堂　77
カンタベリー大聖堂　93
カンピドリオ広場, ローマ　119,図 232,233
カンペン, ヤコプ・ファン　Jacob van Campen
　（1595-1657）　126,図 245

【キ】

ギザ（エジプト）
　　ピラミッド群　2,図 5,6
　　大ピラミッド　図 5,6

索　引

マスタバ　図2
疑似二重周柱式　26,図75
記念柱　41,図69
記念門　41
旧サン・ピエトロ大聖堂、ローマ　図99
キャラバンサライ（隊商宿）　68
キュヴィエ、フランソワ　François Cuvilliés (1695-1768)　158,図312
宮殿　8,12,14,111,130,134,143,154,158,164,図19,22,23-27,29-31,32,52,93,94,127,128,133,195,238,239,241,242,250,253,256,273,280-283,304,321
宮廷オペラ劇場、バイロイト　図274
キュマティウム（頂部クリカタ）　21
強弱交互組織　74,77,84,89,図146,149
巨大神殿　26,33,42
ギリシア劇場　29,図54
ギリシア建築　20-33,図36-57
ギリシア十字形　55
ギリシア住宅　30,図55,56
ギリシア神殿　20-28,42,図36-48
キルクス・マクシムス、ローマ　48,52,図86
ギルドホール　125,図244
キングズ・カレッジ礼拝堂、ケンブリッジ　94,図181

【ク】

グアリーニ、グアリーノ　Guarino Guarini (1624-83)　138,145,図269,270
クィーンズ・ハウス、グリニッジ　図251
空中庭園（バビロンの）　12,図22
クノッソス宮殿　17-19,図29-31
クノーベルスドルフ、ゲオルク・フォン　Georg von Knobelsdorff (1699-1753)　158
グラナダ（スペイン）
　　アルハンブラ宮殿　68,図126-128
　　カルトハの聖器室　図306
クリュニー修道院第三教会堂　75,図139
クリュニー修道会　75-76
クールトンヌ、ジャン　Jean Courtonne (1671-1739)　158,図309,310
クレムリンの受胎告知大聖堂、モスクワ　62,図116
クロイスター（修道院回廊）　93
グロスター大聖堂　94,図180

【ケ】

ケイ、リーフェン・デ　Lieven de Key (1560頃-1627)　126,図244
軽量ヴォールト　121
劇場　29,54,138,図48,85,274
ケルラ（神室）　20,41,図36,39,40,46,47,71,74,75,78,79,80
ケルン（ドイツ）
　　ザンクト・アポステルン聖堂　80
　　大聖堂　96,図182
『建築書』（ウィトルウィウス）　34,108,121
『建築書』（セルリオ）　122
『建築書』（ディッターリン）　126
『建築の五つのオーダー』（ヴィニョーラ）　122
『建築論』（アルベルティ）　108,122
『建築四書』（パラーディオ）　122
ケンブリッジ（イギリス）
　　キングズ・カレッジ礼拝堂　94,図181

【コ】

交差ヴォールト天井　73,74,77,図59,84,136,142
交差リブ　84
皇帝階段　125
ゴシック建築　74,83-104,121,図155-198
コスのアスクレピオスの神域　図56
コット、ロベール・ド　Robert de Cotte (1656-1735)　図282
コッレオーニ礼拝堂、ベールガモ　図210
古典主義　108,164
古典様式　130
コーニス（軒蛇腹）　21,25,
コリント式オーダー　28,34,42,図48,50,51,60,70,73,74,76,77,87,91,201,202,207,208,217,220,232,233,239,241,252,254,255,258,264,270,271,276,280,283,284,288,296,298
コルトーナ、ピエトロ・ダ　Pietro da Cortona (1596-1669)　136,図265
コルドバの大モスク　65,図120,121
コロッセウム、ローマ　48,図87,88
コローナ（水切り板）　21,25
コロンバリウム　54
コンクリート　34,44,46,50,85,図58,59,75,78,79,84,88,92

コンス神殿（カルナックの），ルクソール　図8
コンスタンティヌス大帝（ローマ皇帝）　55
コンスタンティヌスのバシリカ，ローマ　46,
　59,図84
コンスタンティノープル　→イスタンブール
コンポジット式オーダー　34,図60,67,68,
　104,204,206,230,240,250,259

【サ】
サイロ（穀倉）　8
ササン朝ペルシア　14,59
サッカラ（エジプト）
　階段ピラミッド　2,図3,4
　メルネイトの墓　図1
サマラの大モスク　65,図122
サールヴィ，ニコラ　Nicola Salvi
　(1697-1751)　138,図276
サルヴィスタンの宮殿　14,図27
サルゴン2世（アッシリア王）　12
サルゴン2世宮殿，ホルサバード　図19
サロン　157
サン・ヴィターレ聖堂，ラヴェンナ　60,70,
　図111,112
サンガッロ，アントニオ・ダ，イル・ジョーヴァ
　ネ　Antonio da Sangallo il Giovane
　(1485-1546)　112,図216,217
サン・カルリーノ（サン・カルロ）聖堂，ローマ
　図260-262
サン・カルロ・アッレ・クアットロ・フォンタネ
　聖堂，ローマ　→サン・カルリーノ聖堂
サンクティス，フランチェスコ・デ　Francesco
　de Sanctis (1693-1731)　138,図275
ザンクト・アポステルン聖堂，ケルン　80
ザンクト・エリーザベト聖堂，マールブルク　96
ザンクト・ガレン修道院所蔵の修道院図
　図134
サンクト・ペテルスブルグの冬宮殿　164,
　図321
ザンクト・マルティン聖堂，ランツフート
　図184
ザンクト・ヨハン・ネポムク聖堂，ミュンヘン
　154,図303
参事会員堂　93,図175
三重殻ドーム　130,図284,288,290
サン・ジョヴァンニ洗礼堂，フィレンツェ　81

サン・ジョールジョ・マッジョーレ聖堂，ヴェネ
　ツィア　図230
サン・スーシ宮，ポツダム　158
サンス大聖堂　85
サンスのウィリアム　William of Sens (1180
　頃没)　93
サンソヴィーノ，ヤーコポ　Jacopo Sansovino
　(1486-1570)　116,図226
サン・ゼーノ聖堂，ヴェロナ　81
サン・セルナン聖堂，トゥールーズ　75,図137,
　138
サンタ・クローチェ聖堂，フィレンツェ　100
サンタ・コスタンツァ聖堂，ローマ　図104
サンタ・サビーナ聖堂，ローマ　図100
サンタポリナーレ・イン・クラッセ聖堂，ラヴェ
　ンナ　図103
サンタポリナーレ・ヌォーヴォ聖堂，ラヴェンナ
　図102
サンタ・マリア・ディ・ピアッツァ聖堂，トリノ
　164,図320
サンタ・マリア・デッラ・サルーテ聖堂，ヴェネ
　ツィア　図266
サンタ・マリア・デッラ・パーチェ聖堂，ローマ
　図265
サンタ・マリア・デッレ・グラーツィエ聖堂，ミ
　ラノ　図212
サンタ・マリア・デ・ナランコ聖堂，オヴィエー
　ド近傍　70,図133
サンタ・マリア・ノヴェッラ聖堂，フィレンツェ
　100
サンタ・マリア・マッジョーレ聖堂，ローマ
　図101
サンタンドレア聖堂，マントヴァ　108,図207
　-209
サンタンドレア・アル・クイリナーレ聖堂，ロー
　マ　図258
サンタンブロージョ聖堂，ミラノ　80,図150,
　151
サンティアゴ・デ・コンポステーラ聖堂　75,81,
　154,図307
サンティ・ヴィンチェンツォ・エド・アナスタシ
　オ聖堂，ローマ　図264
サンティーヴォ聖堂，ローマ　図263
サンティニャーツィオ聖堂，ローマ　図268
サンテチエンヌ聖堂，カン　77,図144-146

サンテュルバン聖堂, トロワ　91
サント・シャペル, パリ　91, 図 *170*
サント・スピリト聖堂, フィレンツェ　106,
　図 *202*
サン・ドニ修道院聖堂　83, 図 *155, 156*
サン・パブロ聖堂, ヴァリアドリ　図 *189*
サン・ピエトロ大聖堂, ローマ　111, 119, 131,
　図 *214, 234, 252-254*
サン・ピエトロ大聖堂のドーム, ローマ　119,
　130, 図 *234, 252-254*
サン・フランチェスコ聖堂, アッシジ　100,
　図 *190*
サン・フランチェスコ聖堂, リミニ　→マラテスタの神殿
サン・フロン聖堂, ペリグー　76, 図 *141*
サン・マクルー聖堂, ルーアン　92, 図 *173*
サン・マルコ大聖堂, ヴェネツィア　62,
　図 *113-115*
サン・マルコ図書館, ヴェネツィア　図 *226*
サンミケーリ, ミケーレ　Michele Sanmicheli
　(1484-1559)　116
サン・ミニアト聖堂, フィレンツェ　81,
　図 *152*
三葉形内陣　80, 96

【シ】

ジェセル王 (エジプト王)　2, 図 *3, 4*
ジェセル王の階段ピラミッド, サッカラ　2,
　図 *3, 4*
シエナ市庁舎　図 *194*
シエナ大聖堂　100, 図 *191*
ジェームズ1世 (イギリス王)　128
ジグラット　10, 12, 13, 図 *18, 19, 20*
獅子門 (ミュケナイの)　19, 図 *33*
市庁舎　102, 105, 125, 図 *194, 243, 247, 248*
シトー修道会　76
四方門　41
ジャコバン聖堂, トゥールーズ　92
ジャコビアン様式　128
シャー・ジャハン (ムガール朝皇帝)　図 *130*
ジャック・クール邸, ブールジュ　図 *197*
シャフト (付け柱)　84, 図 *157, 161, 163, 166
　-170, 178, 180, 181, 190*
シャルトル大聖堂　87, 90, 図 *162, 163, 169*
シャンボールの城館　図 *237*

十字軍の城　102
住宅　1, 8, 17, 30, 32, 図 *13-16, 17, 32, 55, 57*
集中形式　55, 108, 122, 164
集中式城郭　102, 図 *198*
修道院　70, 105, 図 *134, 139*
シュテファンスドーム, ウィーン　97, 図 *186*
シュパイヤー大聖堂　79
ジュリオ・ロマーノ　Giulio Romano (1492頃
　-1546)　113, 114, 図 *219, 223, 224*
ジュリオ・ロマーノ自邸, マントヴァ　図 *224*
シュリューター, アンドレアス　Andreas
　Schlüter (1664頃-1714)　150
巡礼聖堂　75
城郭　102, 105, 図 *198*
鐘塔　81, 図 *103, 153*
初期イギリス式ゴシック　93
初期キリスト教建築　55-57, 図 *99-104*
初期ゴシック　84-87, 図 *155-161*
食肉商組合ホール, ハーレム　図 *244*
諸皇帝のフォルム, ローマ　37, 図 *64*
ジョージアン時代　149
ジョーンズ, イニゴー　Inigo Jones
　(1573-1652)　128, 149, 図 *250, 251*
新古典主義　166
神室 (ケルラ)　20, 41, 図 *36, 39, 40, 46, 47, 71,
　74, 75, 78, 79, 80*
シンドネ礼拝堂, トリノ　図 *269*

【ス】

垂直式ゴシック　94, 128, 図 *180, 181*
水道　36
水道橋　36, 図 *61*
スカラ・レジア (ヴァティカン宮殿の), ローマ
　図 *257*
スキンチ　図 *105*
スコティア (溝車形)　25, 図 *43*
スタディウム (競争場)　48
スタラクタイト (鍾乳石装飾)　64, 図 *128, 129*
ステイヴ・チャーチ (樅板教会堂)　81, 図 *154*
捨子保育院, フィレンツェ　106, 図 *201*
ステンドグラス　74, 76, 90
ストア (列柱廊)　29, 図 *52*
ストゥッコ　33, 59, 64, 121, 126, 131, 161
ストゥーピニジ宮殿, トリノ近傍　図 *273*
ストックホルム王宮　154, 図 *304*

索　引

ストラスブール大聖堂　96
ストラップワーク（革細工文様）　126,図222,238
スフィンクス参道　5,図8,9
スペイン階段，ローマ　図275
スペルガ，ラ，トリノ　図272
スミスソン，ロバート　Robert Smithson（1536頃-1614）　128,図249
隅の柱頭　26,図43,44
スラスト（推力）　84,85
スルタン・ハッサンのモスク，カイロ　図124
スレイマン1世のモスク（スレイマニエ），イスタンブール　68

【セ】

盛期ゴシック　87-91,93,112,図162-169
盛期ルネサンス　105
聖舟室　5,図8
聖バシリウス大聖堂，モスクワ　62,図117
セヴィリア（スペイン）
　　市庁舎　図240
　　大聖堂　98,図188
ゼウス神殿（オリンピアの）　図37
セゴヴィアの水道橋　36
ゼブラ模様　64,74,図121,142
セルリオ，セバスティアーノ　Sebastiano Serlio（1475-1554）　122
戦車競技場（キルクス）　48,図86
セント・ポール大聖堂，ロンドン　130,147,図288-291
セント・ローレンス教会堂，ブラッドフォード・オン・エイヴォン　70,図135
洗礼堂　55,81,図153

【ソ】

葬祭殿　2
装飾式ゴシック　92,93,97,図177-179
双塔形式　76,77,図144,158-160,162,164,182
総督宮，ヴェネツィア　102,図195
礎盤（ベース）　20,25,26,図43
ソールズベリ大聖堂　93,図174-176

【タ】

大アーケイド　84,89,図168
大オーダー　131,図207,208,232,245,252,253,255,258,259,266,270-272,276,280,294,296,304,321
タイル　64
タイ・ロッド（つなぎ棒）　121
楕円形平面　131,134,図256,258,260,261
高窓　8,46,84,89,90,図99,161,169
タージ・マハル，アグラ　68,図130
多柱室　5,図8,9-11,15,23,25
多塔形式　75,76,図139,148
束ね柱　76
ダブル・キューブ　図250
だまし絵　131
ダマスクスの大モスク　65,図118,119
タマネギ型ドーム　67,図117,130
多葉形アーチ　64
ダラム大聖堂　77,図147
単塔形式　96,図171,183
単廊式　91,図170,172,181,190,208,209,231,235,303

【チ】

チチェスター大聖堂　93
柱身（シャフト）　20
中世住宅　102,図196,197
中世都市　102
柱頭（キャピタル）　19,20,22,図37,38,41-45,48-51,60,63,67-70,73-78
チュリゲラ，ホセ・ベニト・デ　Jose Benito de Churriguera（1665-1725）　154
チュリゲレスコ様式　155
頂部クリカタ（キュマティウム）　21

【ツ】

ツィンマーマン，ドミニクス　Dominikus Zimmermann（1685-1766）　161,図317
ツヴィンガー，ドレスデン　図297

【テ】

ティーヴォリ（イタリア）
　　ウェスタの神殿　図76
　　ハドリアヌスのヴィラ　52,図95,96
ディオクレティアヌスの宮殿，スパラト　52,図87
ディオクレティアヌスの浴場，ローマ　図82
ディッターリン，ヴェンデル　Wendel Ditterlin（1550頃-99）　126

ディデュマのアポロ神殿　図 46, 47
ティトゥスの記念門, ローマ　図 67
ティムガド（アルジェリア）　図 62
ティリュンスの城塞　図 32
ディーンツェンホーファー, キリアン・イグナッツ　Kilian Ignatz Dientzenhofer (1689-1751)　150
ディーンツェンホーファー, ヨハン　Johann Dientzenhofer (1663-1726)　150
テシフォンの宮殿　14, 図 26
テッシン, ニコデムス　Nicodemus Tessin (1615-81)　154, 図 304
デッラ・ポルタ, ジャーコモ　Giacomo della Porta (1533-1602)　119, 図 232, 233, 235
テラス　4, 図 7, 23
テラゾー床　121
テル・エル・アマルナ　8
　　高級住宅復原模型　図 14
　　大臣ナフトの邸宅　図 15
デル・エル・メディーナの庶民住宅　8, 図 13
デルフィのトロス　図 49
デロス島の住宅　図 57
デンティル（歯形飾り）　25, 図 43
天然セメント　34
テンピエット, ローマ　図 213

【ト】
ドーヴァー城　図 198
闘技場（アンフィテアトルム）　48, 図 87, 88
道路　36
尖りアーチ　64, 73, 74, 76, 81, 83, 84, 90, 図 123, 140, 155
ド・コット, ロベール　Robert de Cotte (1656-1735)　図 282
ドス・アグアス侯爵邸, ヴァレンシア　163, 図 319
トスカナ式オーダー　34
飛梁（フライング・バットレス）　85, 89, 90, 図 160, 168
ドブロス, サロモン　Salomon Debrosse (1562-1626)　142
ドーム　14, 34, 44, 59, 60, 67, 130, 131, 図 78-80, 105-117, 125, 128, 130, 141, 153, 199, 200, 213, 214, 229, 230, 234, 252-254, 258, 261, 263, 266, 269, 272, 284, 288, 290, 302, 320

トメ, ナルシソ　Narciso Tomé (1690頃-1742)　154, 図 305
トライアヌスの記念柱, ローマ　図 69
トライアヌスのマーケット, ローマ　39, 図 66
トライアヌスのフォルム, ローマ　39, 図 64
トリグリフ　20, 21, 図 37, 41, 42, 215, 223, 226-228
ドリス式オーダー　20, 26, 34, 42, 図 36, 37, 38, 41, 42, 49, 60, 85, 87, 213, 215, 217, 218, 222, 223, 226-228
トリノ（イタリア）
　　サンタ・マリア・ディ・ピアッツァ聖堂　164, 図 320
　　シンドネ礼拝堂　図 269
　　ストゥーピニジ宮殿, トリノ近傍　図 273
　　スペルガ, ラ　図 272
　　パラッツォ・カリニャーノ　図 270
　　パラッツォ・マダーマ　図 271
トリビューン（側廊二階）　84, 89, 図 161
トリフォリアム（側廊屋根裏）　84, 89, 91, 図 168
トールス（大玉縁）　25
トレーヴィの噴泉, ローマ　138, 図 276
トレサリー（窓組子）　74, 90, 91, 92, 93, 94, 図 161, 169, 173, 177, 180
ドレスデン（ドイツ）
　　ツヴィンガー　図 297
　　フラウエンキルヘ　図 302
トレド大聖堂　98, 154, 図 305
トレド大聖堂のトラスパレンテ　図 305
ドロルム, フィリベール　Philibert Delorme (1500/15-70)　122
トロンプ式ドーム　14, 図 27, 105
トンネル型ヴォールト　14, 73, 75, 図 27, 28, 75, 104, 133, 137, 140, 208, 255, 271, 283

【ナ】
ナウマキア　48
ナフトの邸宅, テル・エル・アマルナ　図 15

【ニ】
二重殻ドーム　図 199, 200, 253, 254
二重周柱式神殿　26, 図 46
二重内陣式教会堂　70, 75, 図 134, 149
二心アーチ　64

索　引

二層構成　92, 図 *170*
ニュンフェンブルク宮のアマリーエンブルク，ミュンヘン　158, 図 *312*

【ネ】
ネブカドネザル（バビロニア王）　12

【ノ】
ノイマン，バルタザール　Barthasar Neumann (1687-1753)　150, 161, 図 *300, 315, 316*
ノートル・ダム・ラ・グランド聖堂，ポワティエ　76, 図 *143*
ノルマン建築　77, 図 *144-147*
ノワイヨン大聖堂　85, 90, 図 *161*

【ハ】
ハイデルベルク城のオットハインリヒスバウ　図 *246*
ハイポコースト　46
パイロン（塔門）　5, 図 *8, 9*,
パヴィアのチェルトーザ　図 *211*
バウティスタ・デ・トレド，フアン　Juan Bautista de Toledo (1567没)　図 *242*
パエストゥムのバシリカ　図 *38*
バザール（市場）　68
バシリカ　46, 図 *83, 84*
バシリカ（パラーディオの），ヴィチェンツァ　図 *227*
バシリカ・ウルピア，ローマ　図 *83*
バシリカ形式　55, 59, 65, 70, 図 *83, 84, 99-103*
パスタス（中廊下）　図 *55, 57*
パッツィ家礼拝堂，フィレンツェ　106
バットレス（控壁）　74, 91
パティオ（中庭）　125
馬蹄形アーチ　64
ハトシェプスト女王葬祭殿，デール・エル・バハリ　4, 図 *7*
ハドリアヌス帝のヴィラ，ティーヴォリ　52, 図 *95, 96*
パネル　157, 158
ハトシェプスト女王葬祭殿，デール・エル・バハリ　4, 図 *7*
ハドリアヌス（ローマ皇帝，建築家）Hadrianus　52, 図 *75, 77-80, 95, 96, 98*
ハドリアヌス廟（カステル・サンタンジェロ），

ローマ　54, 図 *98*
バビロン　12, 13, 図 *21, 22*
バビロン（イラク）
　　イシュタル門　12, 図 *21*
　　王宮　12, 図 *22*
　　ジグラット　13
ハファジャの楕円形神殿　10, 図 *17*
ハーフチンバー　102
パラエストラ（体育館）　30
パラッツォ・カリニャーノ，トリノ　図 *270*
パラッツォ・キエリカーティ，ヴィチェンツァ　図 *228*
パラッツォ・キージ・オデスカルキ，ローマ　図 *259*
パラッツォ・デル・テー，マントヴァ　図 *223*
パラッツォ・ファルネーゼ，ローマ　図 *216, 217*
パラッツォ・ブランコーニオ，ローマ　図 *218*
パラッツォ・ペーザロ，ヴェネツィア　図 *267*
パラッツォ・マダーマ，トリノ　図 *271*
パラッツォ・マッシモ，ローマ　図 *222*
パラッツォ・メディチ，フィレンツェ　図 *203, 204*
パラッツォ・ルチェッライ，フィレンツェ　108, 図 *205*
パラーディオ，アンドレア　Andrea Palladio (1508-80)　116, 149, 図 *227-231*
パラーディオ主義　149, 164
パラーディオのバシリカ，ヴィチェンツァ　図 *227*
バラ窓　90, 92, 図 *143, 147, 158, 159, 164, 187, 189, 191, 192*
パリ（フランス）
　　アンヴァリッドのドーム　130, 図 *284*
　　オテル・ド・スービーズ　158, 図 *311*
　　オテル・ド・ボーヴェー　145, 図 *285*
　　オテル・ド・マティニョン　図 *309, 310*
　　サント・シャペル　91, 図 *170*
　　大聖堂（ノートル・ダム）　89, 92, 図 *159-161*
　　メゾンの邸館，パリ近傍　図 *277*
　　ルーヴル宮　122, 134, 145, 図 *239, 280*
　　ルーヴル宮東面　図 *280*
バーリントン卿リチャード・ボイル　Richard Boyle, Earl of Burlington (1694-1753)　149

バルセロナ大聖堂　98
パルテノン，アテネ　21,22,64,図 39-41
バールベックの大神殿　42,図 72-74
ハレンキルヘ（広間式教会堂）　87,92,96,
　図 184,185
バロック建築　130-156,166,図 252-307
バンケッティング・ハウス，ロンドン　図 250
パンサの家，ポンペイ　図 89
パンテオン，ローマ　34,44,59,図 77-80
半ドーム　64,図 129

【ヒ】
ピアッツァ・アルメリーナのヴィラ　52,
　図 97
ピクチャレスク　166
ピサ大聖堂　81,図 153
ビザンティン建築　59-63,65,73,図 107-117
ヒッポダモス（ミレトスの）Hippodamos of
　Miletos（前 500 頃-440）　29,図 53,62
ピュテオス　Pytheos（前 330 没）図 43
日干しレンガ　1,5,7,8,10,16,20,33,図 1,13
　-22
ピラミッド　2,図 3-6
ピラミッド・コンプレックス　2,図 4
ヒルデブラント，ヨハン・ルーカス・フォン
　Johann Lucas von Hildebrandt（1668-
　1745）　150,図 301
比例　22,121-122,
広間式教会堂（ハレンキルヘ）　87,92,96,
　図 184,185

【フ】
ファイヒトマイヤー，ヨハン・ミヒャエル
　Johann Michael Faichtmayr（1709 頃-
　72）　161,図 313,315
ファッシア（平帯）　25,図 43-45,50,60,70
ファン・ヴォールト（扇状ヴォールト天井）　94,
　図 181
フィアツェーンハイリゲン巡礼教会堂，フラン
　ケン　161,図 315,316
フィッシャー，ヨハン・ミヒャエル　Johann
　Michael Fischer（1692-1766）　161,
　図 313,314
フィッシャー・フォン・エルラッハ，ヨハン・ベ
　ルンハルト　Johann Bernhard Fischer
　von Erlach（1656-1723）　150,図 298,299

フィラレーテ　Antonio Filarete（1400 頃
　-69）　106
フィレンツェ（イタリア）
　サン・ジョヴァンニ洗礼堂　81
　サンタ・クローチェ聖堂　100
　サンタ・マリア・ノヴェッラ聖堂　100
　サント・スピリト聖堂　106,図 202
　サン・ミニアト聖堂　81,図 152
　捨子保育院　106,図 201
　大聖堂　100
　大聖堂のドーム　105,図 199,200
　パッツィ家礼拝堂　106
　パラッツオ・メディチ　図 203,204
　パラッツオ・ルチェッライ　108,図 205
　メディチ家廟　図 220
　ロレンツォ図書館　図 221
フェイディアス　Pheidias（前 5 世紀）
　図 40,41
フェリペ 2 世（スペイン王）　図 242
フォルム　37,図 63,64,65
フォルム・ロマヌム，ローマ　図 63
フォンテンブローの城館　122,図 238
フォントネ修道院聖堂　76,図 140
冬宮殿，サンクト・ペテルスブルグ　164,図 321
フライング・バットレス（飛梁）　85,図 160,
　168,291
フラウエンキルヘ，ドレスデン　図 302
ブラウン，ランスロット　Lancelot Brown
　（1716-83）図 292
プラテレスコ（銀細工様式）　124,図 240
ブラマンテ　Donato Bramante（1444-1514）
　108,111,図 212-215
フランソワ 1 世（フランス王）　122
プランタウアー，ヤーコプ　Jakob Prandtauer
　（1658-1726）　150,図 295,296
フランボワイヤン式（火炎式）ゴシック　92,
　図 173
プリエネ（トルコ）　29,図 53
プリエネのアテナ神殿　図 43
フリーズ（装飾帯）　20,25,42
ブルゴス大聖堂　98
フルート（彫溝）　20,25,34,図 36-38,41-45,
　48-51,60,67,68,70,73,76,77,91,104
ブルネッレスキ　Filippo Brunelleschi
　（1377-1446）　105-106,図 199-202

ブルー・モスク →アーメット1世のモスク, イスタンブール
フレスコ画 121
ブレニム宮, オクスフォード近傍 図 292-294
プレロマネスク建築 70, 図 131-135
ブロカンデル, ロヴィラ Rovira Brocandel (1693-1765) 図 319
プロナオス (前部ポーチ) 20, 図 39, 40, 46
プロピュライア, アテネ 22, 図 39, 42
フロリス, コルネリス Cornelis Floris (1514-75) 125, 図 243
ブロワの城館のフランソワ1世の翼屋 図 236

【ヘ】

ペジメント (三角破風壁) 21, 22, 42, 図 36, 37, 41, 42, 45, 63, 65, 70, 72, 77, 152, 206, 207, 229, 230, 235, 239, 241, 245, 247, 252, 253, 258, 264, 265, 270, 272, 280, 284, 288, 294, 298, 301, 310, 318, 321
ペッペルマン, ダニエル Daniel Pöppelmann (1662-1736) 150, 図 297
ベニ・ハサン (エジプト) 4
ペリスタイル (列柱中庭) 32, 50, 図 57, 89, 91, 93, 97
ベール, ゲオルク Georg Bähr (1666-1738) 150, 図 302
ペルシア建築 14-16, 図 23-27
ペルセポリスの宮殿 14, 図 23, 24, 25
ペルッツィ, バルダッサーレ Baldassare Peruzzi (1481-1536) 112, 図 222
ベルニーニ, ジャンロレンツォ Gianlorenzo Bernini (1598-1680) 134, 145, 図 256-259
ヘレニズムの建築 32, 33
ペロー, クロード Claude Perrault (1613-88) 図 280
ヘロナ大聖堂 98, 図 187
ペンデンティヴ・ドーム 59, 62, 73, 図 106-109

【ホ】

ボーヴェー大聖堂 90
ホークスモア, ニコラス Nicholas Hawksmore (1661-1736) 148
ポセイドン神殿 (スーニオン岬の) 図 36
ポッツォ, アンドレア Andrea Pozzo (1642-1709) 136, 図 268

ボッロミーニ, フランチェスコ Francesco Borromini (1599-1667) 134, 145, 図 260-263, 288
墓廟 54, 68, 図 98, 104, 130, 220
ボフラン, ジェルメン Germain Boffrand (1667-1754) 157, 158, 図 311
ポリュクレイトス Polykleitos (前 350 没) 図 54
彫溝 (フルート) 20, 25, 34, 図 21, 36-38, 41-45, 48-51, 60, 67, 68, 70, 73, 76, 77, 91, 104
ホル, エリアス Elias Holl (1573-1646) 126, 図 247, 248
ボルグンドの教会堂 81, 図 154
ホルサバード (イラク) 12, 図 19
　サルゴン2世宮殿 図 19
　ジグラット 図 19, 20
ボルト・イ・ミリア, ハイメ Jaime Bort y Milia (生没年不詳) 図 318
ホワイトホール宮殿のバンケッティング・ハウス, ロンドン 図 250
ポワティエ大聖堂 87
ポンペイ (イタリア)
　ヴェッティの家 図 90, 91
　住宅 50, 図 89-91
　パンサの家 図 89

【マ】

マウリッツハイス, ハーグ 126, 図 245
マクシミアヌス (ローマ皇帝) 52
マクシミアヌス帝のヴィラ, ピアッツァ・アルメリーナ 52, 図 97
マスジッド・イ・シャー, イスファハン 図 129
マスタバ 1, 図 1, 2, 3
マディナト・ハブ (メディネト・ハブー, ラムセス3世葬祭殿), テーベ 7, 図 11
マチュカ, ペドロ Pedro Machuca (1550 没) 図 241
マデルノ, カルロ Carlo Maderno (1556-1629) 131, 134, 図 253, 255, 268
マドラッサ (神学校) 67, 68, 70
マニエリスムの建築 113, 124, 図 218-225, 238, 241, 243, 244, 246
マラテスタの神殿, リミニ 108, 図 206
マンサード屋根 142, 図 277

マンサール, フランソワ　Francois Mansart (1598-1666)　142, 図 277
マントヴァ（イタリア）
　　サンタンドレア聖堂　108, 図 207-209
　　ジューリオ・ロマーノ自邸　図 224
　　パラッツオ・デル・テー　図 223

【ミ】
ミケランジェロ・ブオナッローティ　Michelangelo Buonarroti (1475-1564)　112, 119, 131, 134, 図 216, 220, 221, 232 -234, 252-255
ミケロッツォ・ディ・バルトロメオ　Michelozzo di Bartolomeo (1366-1472)　106, 図 203, 204
ミナレット　64, 65, 図 110, 122, 125, 130
ミュケナイ（ギリシア）
　　アトレウスの宝庫　19, 図 34, 35
　　獅子門　19, 図 33
ミュンヘン（ドイツ）
　　アマリーエンブルク（ニュンフェンブルク宮の）　158, 図 312
　　ザンクト・ヨハン・ネポムク聖堂　154, 図 303
ミラノ（イタリア）
　　サンタ・マリア・デッレ・グラーツィエ聖堂　図 212
　　サンタンブロージョ聖堂　80, 図 150, 151
　　大聖堂　100, 図 193
ミーラブ　64, 図 118, 120, 124
ミレトス（トルコ）　29
ミンバール　64, 図 118, 124

【ム】
ムネシクレス　Mnesicles（前 5 世紀）　図 42, 44
ムルシア大聖堂　図 318

【メ】
メガロン　17, 20, 図 32
メソポタミア建築　10-13, 図 17-22, 28
メゾン・カレー, ニーム　図 70, 71
メゾンの邸館, パリ近傍　図 277
メッソニエ, ジュスト・オレール　Juste-Aurele Méssonier (1695-1750)　157
メディチ家廟, フィレンツェ　図 220
メディネト・ハブー　→マディナト・ハブー

メトープ　20, 22, 図 37, 41, 42
メルクの修道院　図 295, 296
メルネイトの墓, サッカラ　図 1
メントヘテプ 2 世・3 世葬祭殿, デール・エル・バハリ　4, 図 7

【モ】
モザイク　32, 55, 59, 62, 64, 81, 131
モスク　64, 68, 70, 図 113-125
モスクワ（ロシア）
　　クレムリンの受胎告知大聖堂　62, 図 116
　　聖バシリウス大聖堂　62, 図 117
モンレアーレ大聖堂　81

【ユ】
ユヴァッラ, フィリッポ　Filippo Juvarra (1676-1736)　138, 図 271-273
ユスティニアヌス大帝（ビザンティン皇帝）　60
ユリウス 2 世（ローマ法王）　11

【ヨ】
浴場　46, 図 81, 82
四心アーチ　64
四層構成　85, 図 157, 161
四分ヴォールト　89, 図 165, 167

【ラ】
ラヴェンナ（イタリア）
　　サン・ヴィターレ聖堂　60, 70, 図 111, 112
　　サンタポリナーレ・イン・クラッセ聖堂　図 103
　　サンタポリナーレ・ヌォーヴォ聖堂　図 102
ラストレッリ, バルトロメオ　Bartolomeo Rastrelli (1700-71)　164, 図 321
ラ・スペルガ, トリノ　図 272
ラ・トリニテ聖堂, ヴァンドーム　92
ラ・トリニテ聖堂, カン　77
ラッファエッロ　Raffaello Sanzio (1483-1520)　111-112, 113, 図 218, 219
ラッファエッロの家, ローマ　図 215
ラ・マドレーヌ聖堂, ヴェズレー　76, 図 142
ラムセス 2 世（エジプト王）　7, 図 12
ラムセス 3 世（エジプト王）　7, 図 11
ラメシウム（ラムセス 2 世葬祭殿）, テーベ　7
ラン大聖堂　85, 89, 90, 図 157, 158, 161

索　引

ランス大聖堂　87,図164,169

【リ】
リアーニョ，ディエゴ・デ　Diego de Riaño (1534没)　図240
リブ　64,74,84,93,97,130,138,図136,142,155,156
リブ・ヴォールト　74,77,80,83,図136,145,147,155,156,161,163,166-170,176,178,180,181,184,185,187,190
リブ付き交差ヴォールト天井　74,77,83,図136,145-147,150,151,163,165-167,170,172,175-176,190
リュシクラテスの記念碑，アテネ　図51
リンカン大聖堂　93
リンカン大聖堂のエンジェル・クワイア　93,図177

【ル】
ルイ13世（フランス王）　142
ルイ14世（フランス王）　143
ルイ15世（フランス王）　157
ルヴォー，ルイ　Louis Levau (1612-70)　143,図278,279,282
ルーヴル宮，パリ　122,134,145,図239,280
ルーヴル宮東面，パリ　図280
ルクソール（エジプト）
　王家の谷　7
　カルナックのアンモン大神殿　5,7,図9,10
　カルナックのコンス神殿　図8
　ハトシェプスト女王葬祭殿，デール・エル・バハリ　4,図7
　マディナト・ハブー（メディネト・ハブー，ラムセス3世葬祭殿）　7,図11
　メントヘテプ2世・3世葬祭殿，デール・エル・バハリ　4,図7
　ラメシウム（ラムセス2世葬祭殿）　7
　ルクソール神殿　5
ルスティカ（荒積み）仕上げ　121
ルネサンス建築　105-129,130,図199-251
ル・ノートル，アンドレ　Andre Le Notre (1613-1700)　143,図278,281
ル・ピュイ大聖堂　76
ル・ブラン，シャルル（画家）　Charles Le Brun (1619-90)　図282,283

ル・ブルトン，ジル　Gilles Le Breton (1500頃-53)　図123
ルポートル，アントワーヌ　Antoine Lepautre (1621-79)　145,図285
ルメルシエ，ジャック　Jacques Lemercier (1585-1654)　142

【レ】
レイヨナン式ゴシック　91,図170
レオ10世（ローマ法王）　111
レオナルド・ダ・ヴィンチ　Leonardo da Vinci (1452-1519)　108
レオン大聖堂　98
『歴史的建築の構想』（フィッシャー・フォン・エルラッハ）　150
レスコー，ピエール　Pierre Lescot (1500/15-78)　122,図239
列柱中庭　5,図8
列柱ホール型モスク　64,65,図118-121,
レン，クリストファー　Christopher Wren (1632-1723)　147,図287-291
レンガ（煉瓦）　14,16,34,59,60,64,100,102,121,126,図21,58,59,79,111,123,184,200

【ロ】
ロカイユ　157,158,161,163,図308,311-313,315,317
六分ヴォールト　84,89
ロココ建築　157-164,166,図308-321
ロトンダ，ヴィチェンツァ　図229
ローマ（イタリア）
　アウグストゥス廟　54
　ヴァティカン宮殿　111,図253,257
　ヴァティカン宮殿のスカレ・レジア　図257
　ウェヌスとローマの神殿　42,図75
　カエサルのフォルム　図65
　カステル・サンタンジェロ（ハドリアヌス廟）　54,図98
　カラカラの浴場　図81
　カンピドリオ広場　119,図232,233
　旧サン・ピエトロ大聖堂　図99
　キルクス・マクシムス　48,52,図86
　コロッセウム　48,図87,88
　サン・カルリーノ（サン・カルロ）聖堂　図260-262

ローマ（つづき）
　サン・カルロ・アッレ・クアットロ・フォンタネ聖堂　→サン・カルリーノ聖堂
　サンタ・コスタンツァ聖堂　図 104
　サンタ・サビーナ聖堂　図 100
　サンタ・マリア・デッラ・パーチェ聖堂　図 265
　サンタ・マリア・マッジョーレ聖堂　図 101
　サンタンドレア・アル・クイリナーレ聖堂　図 258
　サンティ・ヴィンチェンツォ・エド・アナスタシオ聖堂　図 264
　サンティーヴォ聖堂　図 263
　サンティニャーツィオ聖堂　図 268
　サン・ピエトロ大聖堂　111,119,131,図 214,234,252-254
　サン・ピエトロ大聖堂のドーム　119,130,図 234,252-254
　諸皇帝のフォルム　37,図 64
　スカラ・レジア（ヴァティカン宮殿の）図 257
　スペイン階段　図 275
　ディオクレティアヌスの浴場　図 82
　ティトゥスの記念門　図 67
　テンピエット　図 213
　トライアヌスの記念柱　図 69
　トライアヌスのマーケット　39,図 66
　トライアヌスのフォルム　39,図 64
　バシリカ・ウルピア　図 83
　ハドリアヌス廟（カステル・サンタンジェロ）54,図 98
　パラッツォ・ファルネーゼ　図 216,217

　パラッツォ・ブランコーニオ　図 218
　パラッツォ・マッシモ　図 222
　パンテオン　34,44,59,図 77-80
　フォルム・ロマヌム　図 63
ローマ劇場　48,図 85
ローマ建築　33-57,73,122,図 58-104
ローマ皇帝の宮殿，ローマ　52,図 93
ローマ神殿　41-45,64,図 63,65,70-80
ロマネスク建築　70-82,83,96,図 131-154
ローマ浴場　46,図 81,82
ローマ略奪　116
ロヨラ，イグナツィオ・デ（イエズス会創設者）図 268
ロルシュ修道院楼門，ヘッペンハイム近傍　70,図 132
ロレンツォ図書館，フィレンツェ　図 221
ロンギ，マルティノ　Martino Longhi (1602-60)　136,図 264
ロンゲーナ，バルダッサーレ　Baldassare Longhena (1598-1682)　136,図 266,267
ロンドン（イギリス）
　ウェストミンスター・アベイのヘンリー7世礼拝堂　94
　セント・ポール大聖堂　130,147,図 288-291
　バンケッティング・ハウス　図 250
　ホワイトホール宮殿のバンケッティング・ハウス　図 250
　ロンドン計画（レンの）　147,図 287
　ロンドン塔ホワイト・タワー　77
ロンバルド帯　79,図 148

〈著者紹介〉

桐敷 真次郎（きりしき しんじろう）

1926年，東京都生まれ．東京大学工学部建築学科，同大学院，ロンドン大学コートールド美術研究所に学ぶ．西洋建築史，近代建築史，地中海建築，建築意匠論専攻．工学博士．東京都立大学工学部助教授，同教授，東京家政学院大学教授，地中海学会会長を経て現在，東京都立大学名誉教授．日本建築学会賞受賞．マルコ・ポーロ賞受賞．

【主要著書】『明治の建築』日本経済新聞社，1966．『建築史（西洋）』市ヶ谷出版社，1967．『新訂建築学大系・5・西洋建築史（近世）』彰国社，1968．『大浦天主堂』中央公論美術出版，1968．『地中海建築・調査と研究』（共著）日本学術振興会，1979．『パラーディオ「建築四書」注解』中央公論美術出版，1986．『ピラネージとカンプス・マルティウス』（岡田哲史と共著）本の友社，1993．『ベルトッティ・スカモッツィ「アンドレア・パラーディオの建築と図面」解説』本の友社，1998．『近代建築史』共立出版，2001．『明治の建築（復刻版）』本の友社，2001．

【主要訳書】リチャーズ『近代建築とは何か』彰国社，1952．グロピウス『デモクラシーのアポロン』彰国社，1972．マコーレー『キャッスル』岩波書店，1980．ワトキン『建築史学の興隆』中央公論美術出版，1993．ペリング『復元透し図・世界の遺跡』三省堂，1994．ビースティー『輪切り図鑑・ヨーロッパの城』岩波書店，1994．アントニュー『復原透し図・世界の都市』三省堂，1995．ウォード・パーキンズ『ローマ建築』本の友社，1996．マレー『ネルサンス建築』本の友社，1998．グイドーニ『原始建築』本の友社，2002．ショワジー『建築史』上・下，中央公論美術出版，2008．

建築学の基礎 ③

西洋建築史

2001年3月20日 初版1刷発行
2025年2月20日 初版10刷発行

検印廃止

著 者 桐敷 真次郎 ©2001

発行者 南條 光章

発行所 共立出版株式会社

〒112-0006 東京都文京区小日向4丁目6番19号
電話=03-3947-2511
振替=00110-2-57035
URL http://www.kyoritsu-pub.co.jp/

一般社団法人
自然科学書協会
会　員

印刷：精興社／製本：ブロケード
NDC 523／Printed in Japan

ISBN 978-4-320-07660-0

■建築学関連書

www.kyoritsu-pub.co.jp　共立出版

現場必携 建築構造ポケットブック 第6版
建築構造ポケットブック編集委員会編　ポケット判・926頁

机上版 建築構造ポケットブック 第6版
建築構造ポケットブック編集委員会編・・・・四六判・926頁

建築構造ポケットブック 計算例編
建築構造ポケットブック編集委員会編・・・・四六判・408頁

15分スケッチのすすめ 日本的な建築と町並みを描く
山田雅夫著・・・・・・・・・・・A5判・112頁

建築法規 第2版増補（建築学の基礎 4）
矢吹茂郎・加藤健三著・・・・・・・A5判・336頁

西洋建築史 （建築学の基礎 3）
桐敷真次郎著・・・・・・・・・・A5判・200頁

近代建築史 （建築学の基礎 5）
桐敷真次郎著・・・・・・・・・・A5判・326頁

日本建築史 （建築学の基礎 6）
後藤 治著・・・・・・・・・・・A5判・304頁

建築材料学
三橋博一・大濱嘉彦・小野英哲編集・・・・A5判・310頁

新版 建築応用力学
小野 薫・加藤 渉共著・・・・・・B5判・196頁

SI対応 建築構造力学
林 貞夫著・・・・・・・・・・・A5判・288頁

建築構造計画概論 （建築学の基礎 9）
神田 順著・・・・・・・・・・・A5判・180頁

鋼構造の性能と設計
桑村 仁著・・・・・・・・・・・A5判・470頁

建築基礎構造
林 貞夫著・・・・・・・・・・・A5判・192頁

鉄筋コンクリート構造 第2版（建築学の基礎 2）
市之瀬敏勝著・・・・・・・・・・A5判・240頁

木質構造 第4版（建築学の基礎 1）
杉山英男編著・・・・・・・・・・A5判・344頁

実用図学
阿部・榊・鈴木・橋寺・安福著・・・・B5判・138頁

住宅デザインの実際 進化する間取り/外断熱住宅
黒澤和隆編著・・・・・・・・・・A5判・172頁

設計力を育てる建築計画100選
今井正次・櫻井康宏編著・・・・・・B5判・372頁

建築施工法 最新改訂4版
大島久次原著／池永・大島・長内共著・・・A5判・364頁

既存杭等再使用の設計マニュアル(案)
構造法令研究会編・・・・・・・・A4判・168頁

建築・環境音響学 第3版
前川純一・森本政之・阪上公博著・・・・A5判・282頁

都市の計画と設計 第3版
小嶋勝衛・横内憲久監修・・・・・・B5判・260頁

都市計画 第3版増補
日笠 端・日端康雄著・・・・・・・A5判・376頁

都市と地域の数理モデル 都市解析における数学的方法
栗田 治著・・・・・・・・・・・B5判・288頁

風景のとらえ方・つくり方 九州実践編
小林一郎監修／風景デザイン研究会著・・・B5判・252頁

景観生態学
日本景観生態学会編・・・・・・・A5判・272頁

東京ベイサイドアーキテクチュアガイドブック
畔柳昭雄＋親水まちづくり研究会編・・・B6判・198頁

火災便覧 第4版
日本火災学会編・・・・・・・・・A5判・1580頁

基礎 火災現象原論
J.G.Quintiere著／大宮喜文・若月 薫訳・・B5判・216頁

はじめて学ぶ建物と火災
日本火災学会編・・・・・・・・・A5判・194頁

建築防災 （建築学の基礎 7）大宮・奥田・喜々津・古賀・勅使川原・福山・遊佐著・・・・A5判・266頁

都市の大火と防火計画 その歴史と対策の歩み
菅原進一著・・・・・・・・・・・A5判・244頁

火災と建築
日本火災学会編・・・・・・・・・B5判・352頁

造形数理 （造形ライブラリー 01）
古山正雄著・・・・・・・・・・B5変型判・220頁

素材の美学 表面が動き始めるとき（造形ライブラリー 02）
エルウィン・ビライ著・・・・・・B5変型判・200頁

建築システム論 （造形ライブラリー 03）
加藤直樹・大崎 純・谷 明勲著・・B5変型判・224頁

建築を旅する （造形ライブラリー 04）
岸 和郎著・・・・・・・・・・B5変型判・256頁

都市モデル読本 （造形ライブラリー 05）
栗田 治著・・・・・・・・・・B5変型判・200頁

風景学 風景と景観をめぐる歴史と現在（造形ライブラリー 06）
中川 理著・・・・・・・・・・B5変型判・216頁

造形力学 （造形ライブラリー 07）
森迫清貴著・・・・・・・・・・B5変型判・248頁

論より実践 建築修復学 （造形ライブラリー 08）
後藤 治著・・・・・・・・・・B5変型判・198頁